사계절 생태놀이

봄

사계절 생태놀이_봄 붉나무 글·그림

1판 1쇄 펴낸날 2008년 3월 12일
1판 13쇄 펴낸날 2021년 2월 26일

펴낸이 이충호 | 펴낸곳 길벗어린이㈜
등록번호 제10-1227호
등록일자 1995년 11월 6일
주소 04000 서울시 마포구 월드컵북로 45 에스디타워비엔씨 2F
대표전화 02-6353-3700
팩스 02-6353-3702
홈페이지 www.gilbutkid.co.kr
편집 송지현 임하나 이현성 황설경
디자인 김연수 송윤정
마케팅 호종민 김서연 황혜민 이가윤 강경선
총무·제작 임희영 최유리 김정숙
ISBN 978-89-5582-149-9 73470 | 978-89-5582-148-2(세트)

글·그림 ⓒ 붉나무 2008
이 책은 저작권법에 따라 보호받는 저작물이므로, 저작권자와 길벗어린이㈜의 허락 없이는 이 책의 내용을 쓸 수 없습니다.

사계절 생태놀이

봄

붉나무 글·그림

길벗어린이

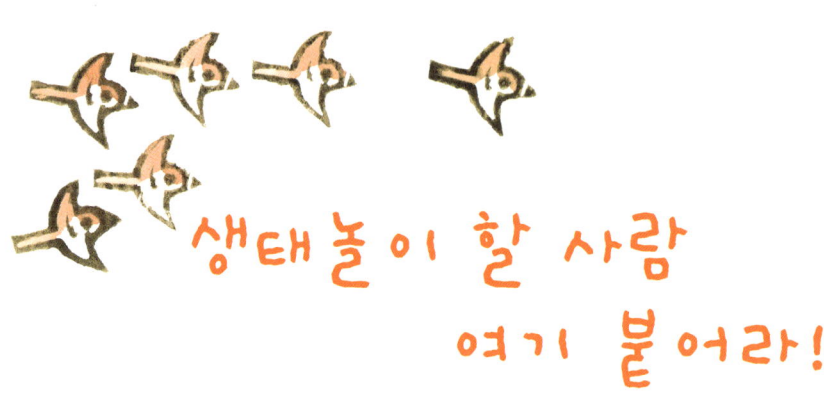

생태놀이 할 사람 여기 붙어라!

"생태놀이 할 사람 여기 붙어라! 신나게 한판 놀 동무는 여기 붙어라!"
공부도 잊고 게임도 잊고 학원도 잊고 진짜로 신나게 놀 동무들만 여기 붙는 거야.
아무것도 없이 빈손으로 어디서 무얼 하고 노냐고?
너희들이 밥 먹듯 지나다니는 길에서 놀 수도 있고, 학교 운동장에서, 동네
뒷산에서도 놀 수 있어. 에이, 거기에 무슨 놀 거리가 있냐고?
풀이랑 꽃으로 놀 수 있고 나뭇잎이랑 나뭇가지로도 놀 수 있어.
풀로 풀피리 불고, 꽃으로 헬리콥터 돌리기 하고, 나뭇가지로 활쏘기도 하고,
가시가 송송 난 열매 따서 동무 옷에 다다닥 붙이기도 하고 얼마나 많은데.
여름밤이나 가을밤에는 깜깜한 한밤중에 벌레 찾기 모험도 하면 가슴이 콩닥콩닥
뛰면서도 신나. 너희들 둘레엔 놀 거리가 수도 없이 많아.
달마다 계절마다 이 놀이 저 놀이 놀 거리 투성이야.
게다가 먹을거리도 엄청 많아. 먹을 수 있는 풀이나 열매가 여기저기 사방에 널려
있어. 신맛이 나기도 하고 쓴맛이 나기도 하고 버찌 열매 같은 건 얼마나 달다고.
너희들 한번 먹어 보았니?
옛날에 우리 엄마, 아빠는 자연에서 이러고 놀았어.
둘레에 자연이 없다고? 흙이 있는 곳이면 물이 있는 곳이면
다 자연이야. 너희들이 재미나게 놀 거리가 어서 와!
하고 기다리고 있을걸.
이게 바로 생태놀이야. 별거 아니지?
특별한 놀잇감도 없고 군것질거리가 뭔지도 몰랐던

옛날엔 우리 둘레에 늘 있는 자연이 놀이터였어. 그러니 민속놀이나 전래놀이가 훌륭한 생태놀이였던 거야. 조금만 호기심을 가지고 들여다보면 보여.
길가에 자라는 나무가 계절마다 어떻게 모양과 색을 바꾸어 가는지, 어떤 열매를 맺는지, 가로수 밑에는 얼마나 작은 세상이 기다리고 있는지 보일 거야.
툭 터진 제비꽃 열매 주머니엔 조그만 씨앗들이 앙증맞게 또로로 모여 나 보란 듯이 방글거리고, 민들레 씨앗은 북실북실 씨앗을 빨리 불어 달라고 재촉해.
꽃다지는 조롱조롱 열매 주머니를 매달고 딩딩딩 흔들어 달라고 손짓해.
이렇게 신나게 한바탕 놀고 나면 거기 늘 있는 흙이나 풀 한 포기, 나무 한 그루가 다르게 보일 거야. 소중한 친구처럼 느껴질 거야. 게다 거기서 아주 놀라운 것을 찾아내는 눈을 갖게 될 거야. 혹시 아니? 자연을 너무 잘 알아서 생태 박사, 놀 거리 박사가 될지. 누가 가르쳐 주지 않아도 자연이 주는 고마움을 몸소 느낄 수 있겠지. 군것질거리를 찾아 풀이나 열매를 먹고, 나무와 바위를 오르고, 풀싸움을 하고, 물고기를 잡고, 벌레나 새를 쫓기도 하면서 입과 눈, 코와 귀, 손과 발, 가슴과 머리로 자연을 겪는 거야. 그럼, 자연을 느끼면서 새롭게 바라볼 수 있는 눈을 갖고, 자연이 주는 소중함을 깨달을 수 있을 거야.
'사계절 생태놀이'가 어떻게 놀지 너희들을 이끌어 줄 거야.
얘들아, 아무것도 필요 없어. 그냥 무조건 놀기만 하면 돼.
"생태놀이 할 사람 여기 붙어라! 신나게 한판 놀 동무는 여기 붙어라!"

2008년 2월 붉나무

차례

지은이의 말 ● 4

봄나물 들나물
이른 봄에 볼 수 있는 들나물 ● 7
들나물 이름 맞히기 | 봄나물 요리 | 내 작은 꽃밭 만들어 가꾸기 | 민들레 꽃밭 만들기

봄놀이 꽃놀이
봄에 피는 꽃 ● 27
개나리 헬리콥터 | 갈퀴덩굴 헬리콥터 | 개나리꽃 목걸이 | 갈퀴덩굴 붙이기
민들레 꽃 놀이 | 제비꽃 놀이 | 진달래 꽃전 만들기 | 화전놀이
진달래 화채 만들기 | 진달래 꽃술 놀이 | 진달래 꽃관이랑 꽃목걸이
버들피리, 조릿대 잎 피리, 나뭇잎 피리, 보리피리, 풀피리 만들기 | 제비꽃 키우기
배추흰나비 기르기 | 식물 표본 만들기

우리는 벌레잡기 대장
봄에 볼 수 있는 곤충 ● 47
벌레랑 놀기 | 튀는 벌레 만들기 | 돌멩이로 벌레 만들기 | 벌레 발 만들기
나비 종이 접기 | 곤충 흔적 수집, 관찰 기록장, 곤충 지도 | 거위벌레 키우기

찾아보기 ● 66

봄나물 들나물

이른 봄에 볼 수 있는 들나물

겨울에도 꽃을 피우고 하얀 씨앗을 날려.
쑥갓을 닮았다고 날 ○쑥갓이라고 부르지.
내가 누구일까?

한 푼 두 푼 돈(돌)나물
이 개 저 개 지칭개
쑥쑥 뽑아 냉-이
잡아 뜯어 꽃다지
오용조용 말냉이
쌉싸름 씁쓰름 씀바귀
길로 길로 질경이

애들아, 나오너라. 봄나물 하러 가자.
망태 들고 호미 들고 봄나물 하러 가자.
눈도 얼음도 녹고, 따뜻한 봄바람이
코밑을 간질간질.
여기저기 봄기운이 움찔움찔,
우리 몸도 움찔움찔.
겨우내 움츠렸던 몸을 쭈욱 쭉! 펴고
애들아, 봄마중 나가자.
봄나물 하러 가자.

봄바람 분다, 봄바람 불어.
꽁꽁 얼었던 땅도 녹고,
내 마음도 덩달아 푸근포근.
풀숲을 헤치니 겨울잠에서 깨어난 거미들이
와그르르 발발발 와그르르 발발발.
바쁘다, 바빠.
바쁘게 지나가는 봄을 모두들 알고 있어.
바쁘다, 바빠.
부지런한 네발나비 두서넛씩 어울려
파르르 팔랑팔랑 파르르 팔랑팔랑.

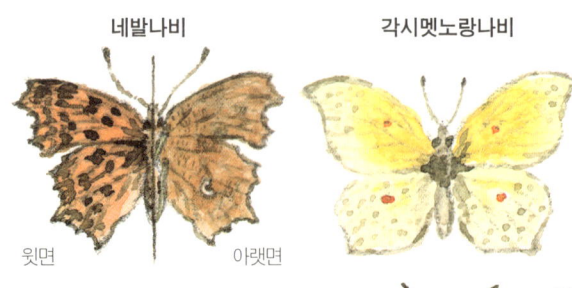

네발나비 각시멧노랑나비

윗면   아랫면

뿔나비

이른 봄 가장 먼저 볼 수 있는 곤충은 어른벌레(성충)로 겨울을 난 것들이야. 햇볕이 따스한 날 양지바른 곳에는 낙엽 밑에서 어른벌레로 겨울을 난 네발나비나 각시멧노랑나비가 팔랑거리며 짝을 찾아 날아다니는 것을 볼 수 있어. 더 서두르는 것들은 2월 초쯤에도 볼 수 있지. 그리고 물오른 버드나무 가지 아래에서는 돌 틈 사이 무더기로 모여서 겨울잠을 잤던 무당벌레를 볼 수 있지. 번데기로 겨울을 난 배추흰나비나 호랑나비 따위를 보려면 좀 더 기다려야 해.

늑대거미

거미줄을 치지 않고 땅 위를 돌아다니며 먹이를 잡는 늑대거미나 깡충거미는 겨울에도 톡토기 같은 작은 벌레를 찾아다니지만 쉽게 볼 수는 없어. 날씨가 따뜻해지면 모두들 기어 나와 돌아다니기 때문에 마른 풀을 들추면 바쁘게 움직이는 거미들을 떼거지로 볼 수 있어.

무당벌레

들 가까운 숲은 봄을 맞는 새소리로 가득 차.
모두들 바삐 바삐 제짝을 찾아.
박새들은 쯔쯔비 쯔쯔비
멧비둘기는 꾸꾸루 꾸꾸 꾸꾸루 꾸꾸
쇠딱따구리는 똑또그르르 똑또그르르.
조용하던 숲과 들이 막 살아나고 있어.
봄을 터뜨리려고 한껏 부풀어올랐어.
얘들아, 들썩들썩 신나는 봄나들이하자꾸나.

수컷

똑또그르르!
똑또그르르!

쇠딱따구리
딱따구리는 다른 새들처럼 아름다운 목소리로 짝을 부르는 대신 부리로 나무를 두드려서 소리를 내어 짝을 불러. 이렇게 나무를 두드리는 것을 '드러밍'이라고 해.
몸집이 큰 까막딱따구리 소리는 아주 크고 길어. 몸집이 가장 작은 쇠딱따구리는 가장 작고 짧은 소리를 내지.

암컷

쇠딱따구리가 나무를 두드리는 소리는
꼭 목탁 두드리는 소리 같아.

쇠딱따구리가
짝을 부르고 있어.

봄이 왔어, 봄이 왔어.
우리 집 담장 밑까지 봄이 왔어.
납작납작 땅바닥에 바짝 붙어 모진 겨울바람 피하던 풀들이
따스한 봄볕에 이파리를 쭉쭉 펴고 일어나기 시작해.
꼭 방석처럼 붙어 있던 풀들이
스멀스멀 아지랑이 아래서 봄 인사 하느라 방긋방긋.
"애들아, 무사히 겨울을 보냈구나!"
담장 아래 똥, 똥, 방가지똥도
벚나무 가로수 밑 뽀, 뽀, 뽀리뱅이도
개, 개, 개쑥갓도 산철쭉 틈바구니에서 얼굴을 내밀고
길가 보도블록 틈 여기저기서 새포아풀도 탁탁 먼지 털어 내고
부지런한 꽃마리는 또르르 꽃대를 말고서
"모두들 무사히 겨울을 보냈구나!"
반가워서 방긋방긋.

방가지똥
길가나 빈 땅에서 자라는 한두해살이풀이야.
잎 가장자리에는 불규칙한 톱니 가시가 있어.
로제트 형태로 겨울을 나고 5월에 줄기가
올라와서 늦은 가을까지 계속 꽃을 피워.

꽃마리
지치과에 속하는 두해살이풀이야. 집 가까운
빈 땅이나 들에서 많이 자라. 원줄기는 네모지고
가지가 뻗으면서 줄기 끝이 말려. 잎 테두리가
매끈하고 모양이 동글동글한 게 앙증맞아.
5~6월에 푸른빛이 도는 연한 보라색 꽃을 피워.

뽀리뱅이
국화과에 속하는 두해살이풀이야. 제주도를 비롯해 우리나라
어디서나 볼 수 있고, 주로 낮은 곳에 있는 밭둑에서 자라.
몸 전체에 가는 털이 퍼져 있고 잎과 줄기는 흑갈색이 돌아.
5~6월에 노란 꽃을 피워.

질경이
우리나라 산과 들, 길바닥 어디서나 볼 수 있는 아주 흔한
풀이야. 잎이 모두 뿌리에서 나오고 잎맥이 그대로 드러나
보이는 게 특징이지. 6~8월에 흰 꽃을 피워.

개쑥갓
유럽이 원산지고 한두해살이풀이야.
쑥갓을 닮아서 '개쑥갓'이라고 부르지.
겨울에도 양지바른 곳에서는 꽃을 피우고
솜털 같은 씨앗을 바람에 날려 보내.

새포아풀
길가 보도블록 틈이나 빈 땅에서 자라는
한두해살이풀이야. 가을에 싹이 나와 겨울을 지낸
다음, 봄부터 이삭이 나오기 시작해서 늦은
가을까지 계속 꽃을 피워.

로제트 식물

두해살이풀은 대개 가을에 싹이 나와 겨울을 나고 봄에 꽃을 피우는 풀이야. 추운 겨울을 나려면 힘이 많이 들겠지만 미리 싹을 틔우고 잎을 내어 자리를 잡았기 때문에 봄이 되면 그제야 싹을 틔워 자라는 것들보다 훨씬 유리하지. 두해살이풀은 뿌리잎(뿌리에서 나온 잎)을 둥글게 펼치고 땅바닥에 찰싹 달라붙어 겨울을 나. 몸을 낮추어 땅에 바짝 웅크린 자세로 찬바람을 될 수 있는 한 피하고 또 펼쳐진 잎으로는 햇볕을 조금이라도 더 받으려는 것이지. 땅에 방석을 깔아 놓은 모양이라서 '방석 식물'이라고 부르고, 잎이 난 모양이 장미꽃 같아서 '로제트 식물'이라고 부르기도 해.

로제트 형태로 겨울을 난 달맞이꽃

뿌리뱅이 땅속 긴 뿌리

들로 들로 나가니 배릿한 봄 냄새가 후우욱 몰려와.
콧구멍을 발랑발랑 봄 냄새다, 봄 냄새.
포근포근한 햇볕 받고 밭 이곳 저곳이 들썩들썩.
향기로운 봄바람에 모두들 얼굴 내미느라 복작복작.
나도 나도 점나도나물
벼룩 같아 벼룩나물
냉이 냉이 황새냉이
많다 많아 망초
뚝새냐 독새냐 뚝새풀.
이영차이영차 봄기운 받고 푸른 새잎 쑥쑥 내려고
뿌리로 힘껏 물 한 모금 끌어당기고
"봄이 오니 좋구나!" 모두 모두 싱싱하게 파릇파릇.

뚝새풀
논이나 밭둑에서 흔히 자라는 두해살이풀이야. 가을에 싹이 터서 이듬해 봄 무수히 자라. 줄기는 속이 비어 있고 털이 없어. 뱀이 나오는 곳에서 자란다고 독새풀이나 둑새풀이라고 불러.

점나도나물
밭이나 밭둑, 논둑, 빈 땅에서 자라는 두해살이풀이야. 가지가 많이 갈라지고 줄기에 검은 자줏빛이 돌며 털이 많아. 5~7월에 흰 꽃을 피워.

망초
북아메리카가 원산지인 두해살이풀이야. 여름에서 겨울에 걸쳐 싹을 틔운 망초는 로제트 형태로 겨울을 보내고 이듬해 봄 쑥쑥 자라. 밭을 묵히면 다음 해엔 온통 망초나 개망초로 뒤덮이는데, 망초는 그 다음 해가 되면 키가 작아지고 잘 자라지 못하고 그 다음 해에는 쑥과 경쟁에서 밀려 자취를 감춰 버려.
이것은 망초의 썩은 뿌리에서 생겨나는 독성 물질이 망초가 자라는 것을 막기 때문이야.

황새냉이
논이나 밭 가장자리나 약간 습기가 있는 곳에서 자라는 두해살이풀이야. 꽃이 지고 나면 2cm쯤 되는 원기둥 모양의 열매가 달리는데, 익으면 두 조각이 뒤로 말리면서 씨가 튀어 나가.

별꽃
우리나라 어디서나 볼 수 있어. 주로 집 가까운 곳이나 밭이나 들길에서 자라. 밑에서 가지가 많이 나와 모여난 것 같지. 3~6월에 흰 꽃을 피워.

벼룩나물
우리나라 들이나 논, 밭둑 어디서나 자라는 두해살이풀이야.
뭉쳐난 듯이 보여 원줄기와 가지를 구별하기 힘들어.
5~6월에 흰 꽃을 피우지.

개불알풀
열매가 개 불알을 닮아서
'개불알풀'이라고 부르지.

광대나물
집 가까운 빈 땅이나 들, 길가에서 자라.
밑에서 가지가 여러 개로 갈라져 나오고,
풀잎이 줄기를 둘러싸.
3~5월에 빨간빛
도는 자주색 꽃을 피워.

겨울을 지낸 냉이가 자라나는 모습

뿌리잎을 땅바닥에
바짝 붙이고 겨울을 나.

봄이 되면 잎이 일어서고 가운데서
꽃봉오리를 달고 있는 줄기가 자라.

줄기가 자라면서
뿌리잎은 말라 버려.

봄 · 15

밭둑길 따라 봄 길을 걸으니 봄 인사 받느라 바쁘다, 바빠.
따뜻한 햇볕 받으며 앞 다투어 안녕, 안녕!
봄이 왔으니 어서어서 꽃 피울 준비를 해야지.
모두들 기지개를 켜고 꽃을 피워야지.
매서운 겨울 추위 물러갔으니
이제 봄 들꽃들 세상.
가짜 망초 개망초
이 개 저 개 지칭개
쑥쑥 자라 쑤욱 쑥
햇빛 받아 양지꽃
갈퀴 갈퀴 갈퀴덩굴
돈이냐 돌이냐 돌나물
다지 다지 꽃다지
어서어서 꽃을 피우자.

쑥
길가나 냇가, 빈 땅이나 풀밭에
흔히 자라는 여러해살이풀이야.
잎 앞면은 녹색이고, 뒷면은
흰 털로 덮여 있고 흰색이야.
풀 전체에서 나는 향긋한
냄새가 독특하지.

지칭개
우리나라 산과 들, 주로 낮은
곳에 있는 밭이나
논이면 어디서나 자라는 두해살이풀이야.
이른 봄에는 냉이나 엉겅퀴, 민들레처럼 로제트
형태를 보이고 꽃대가 올라오면서
줄기에 골이 많이 파여. 줄기와
잎 뒷면에 흰 털이 나 있고,
5~7월에 자주색 꽃을 피워.

갈퀴덩굴
두해살이 덩굴풀이야. 줄기는 네모지고
모서리에는 밑으로 꼬부라진 작은 가시털이 있어.
잎겨드랑이마다 두세 개 꽃대가
자라나서, 한두 송이
초록빛을 띤 노란
꽃을 피우지.

소리쟁이
우리나라 어디서나 볼 수 있는
여러해살이풀이야. 보랏빛을 띠는 굵은
줄기는 60cm쯤 곧게 자라. 뿌리잎은
마디마다 서로 어긋나게 나는데 길쭉한
타원형이고 길이가 30cm쯤 돼. 어린잎이
나올 때는 키가 작고 나지막하게 보여.
6~7월에 꽃이 피는데 작은 꽃들이
원뿔꼴로 많이 뭉쳐 피는 게 특징이야.
가을에 열매가 열리면 흔들어 봐. 열매
안에 든 씨앗들이 소리를 내서 이름이
'소리쟁이'야.

돌나물
제주도나 몇몇 섬 지방을 빼고는 우리나라
어디서나 자라는 여러해살이풀이야. 산이나 들
습한 바위틈에서 잘 자라지. 풀 전체가 도톰하고
줄기가 옆으로 뻗으면서 마디마다 뿌리를 내려.

들나물은 잡초, 또 귀화 식물

대개 들나물은 논밭에서 재배하는 농작물에 피해를 주는 잡초로 취급해. 그래서 사람들은 김을 매고 제초제를 뿌려 없애려 하지만 들나물은 그럴수록 더 무성하게 자라. 들나물은 대부분 여기가 원래 고향이 아니야. 우리가 농사를 짓기 시작하면서 농작물에 섞여 들어왔거나, 나라 사이에 사람이나 물건이 자주 오가면서 흘러 들어온 것들이지. 이런 풀들을 '귀화 식물'이라고 해. 귀화 식물은 꼭 사람이 다니는 길가, 논밭, 빈 터에서만 살아. 사람들이 일구거나 자연이 망가진 곳이지.
잡초 또는 귀화 식물을 없애는 방법은 한 가지뿐이야. 그대로 내버려 두는 거지. 당연히 처음 얼마 동안은 잡초가 무성하게 자라나겠지. 하지만 몇 해 뒤부터 작은키나무가 자라나고 큰키나무가 자라면서 숲으로 바뀌게 되면 잡초는 더 이상 살지 못하고 쫓겨나고 말아. 잡초는 숲에서는 살지 못하거든.
잡초가 무조건 농사짓는 데 해가 되는 것은 아니야. 잡초는 건강한 땅을 일구는 미생물이나 지렁이, 곤충 따위가 먹이를 구할 수 있는 영역을 넓히고, 땅 깊숙하게 뿌리를 내려 영양분을 땅 위로 끌어올려. 그리고 딱딱한 땅에 농작물이 뿌리 내리기 편하게 길을 만들어 주기도 하고 땅을 덮어서 흙이 마르지 않게 하지. 게다가 퇴비로도 쓰이는데, 특히 콩과 식물은 질소를 고정시켜 땅을 기름지게 해. 소나 양 같은 집짐승 먹이도 되고, 대부분 나물로도 먹을 수 있고 약초로도 쓰여.

경쟁자들이 없어졌어. 지금이 바로 우리가 자리를 잡을 기회야.

양지꽃
산과 들, 논둑이나 밭둑 따위 우리나라 어디서나 자라는 여러해살이풀이야. 풀 전체에 긴 털이 있고 뿌리에서 잎이 여러 장 나와. 4~5월에 노란 꽃을 피우지.

민들레
햇볕이 잘 드는 밭이나 들에서 자라는 우리 꽃이야. 원줄기가 없고 잎이 뿌리에서 바로 사방으로 퍼져. 잎은 양쪽이 큰 톱니처럼 길게 자라지. 4~5월에 노란 꽃이나 흰 꽃이 지면 작은 솜 같은 씨가 달려 바람이 불면 멀리까지 날려서 자라.

개망초
북아메리카가 원산지인 두해살이풀이야. 망초랑 비슷해서 망초 이름에다 '개'자를 붙인 거야. 여름철에는 묵히는 밭이나 논둑, 길가 따위가 온통 이 개망초 꽃으로 뒤덮여.

꽃다지
우리나라 어디서나 자라는 두해살이풀이야. 산 아래쪽, 들이나 밭에서 자라고 잎과 줄기에 가는 털이 나 있어. 봄에 꼭 냉이 꽃처럼 생긴 노란 꽃을 피워.

달맞이꽃
원산지가 남아메리카이고 우리나라 어디서나 자라는 두해살이풀이야. 자라면 높이가 1m에 이르고 줄기가 곧게 서고 거의 가지를 치지 않아. 풀 전체에 짧은 털이 나 있고 잎은 좁은 간격으로 서로 어긋나게 자라. 7~8월에 줄기 끝 겨드랑이에서 화사한 꽃을 한 송이씩 피워. 해질 무렵에 꽃을 피우고 아침에 해가 뜨면 꽃이 시들어 버려서 '달맞이꽃'이란 이름이 붙었어.

집 가까운 담장 밑이나 길가,
아니면 들녘 양지바른 곳에 싱그럽게 피어난
들나물을 뜯어 푸짐한 봄나물 잔치를 열어 보자.
무조건 뿌리째 뽑지 말고,
잎을 먹는 나물은 잎을 뜯고,
뿌리까지 먹는 나물은 뿌리까지 캐어 보자.
어린순을 먹는 것은 어린순만 조심스럽게 뜯어 보자.
정성스럽게 따서 고맙게 먹는 거지.

뱀딸기

🌿 나물을 캐기 전에 이런 점은 알아 두렴

- 들나물은 대개 잡초라 불리는 것이어서 캐거나 뜯어도 괜찮지만 함부로 논밭에 들어가서 밟아 놓거나 겨울철에 키우는 시금치, 배추 같은 농작물을 캐서는 안 되겠지.
- 풀 한 포기라도 생명이 있는 것이므로 소중하게 생각하고 고마운 마음으로 캐야겠지.
- 산나물은 묵나물로 만들어서 오래 두고 먹을 수 있지만, 들나물은 대부분 바로 먹어야 하니까 먹을 수 있을 만큼만 캐야 해.
- 뿌리나 마른 잎, 줄기까지 마구 뜯지 말고 먹을 수 있는 부위만을 가려서 뜯어야 나중에 다듬기도 좋고 풀이 다시 자랄 수도 있어.
- 나물을 뜯어서 마구 뒤섞어 놓으면 다듬을 때 힘들어. 뜯으면서 몇 가지 종류를 정하고 바구니나 비닐봉지를 몇 장 가져가서 종류별로 섞이지 않게 담으면 좋아.
- 독이 있는 풀을 잘 가려서 뜯어야 해.
- 하수구처럼 오염된 곳에서 자라는 나물은 중금속 따위가 들어 있으니까 안 뜯는 게 좋아.

땅이 빵처럼 부풀어 올랐어. 푹신푹신해.

섞지 말고 종류별로 담아야 이따 다듬을 때 편해.

나물 뜯는 방법

뿌리까지 먹는 달래, 냉이, 씀바귀, 민들레, 지칭개 따위는 호미나 꽃삽을 땅속 깊숙이 넣어서 뿌리와 함께 흙을 떠내고 뿌리에 붙은 흙을 털어 내.
점나도나물, 벼룩나물, 별꽃, 돌나물, 광대나물처럼 줄기가 마구 자라서 엉켜 있는 것은 한꺼번에 캐지 말고 싱싱한 잎을 달고 있는 부분만 가려서 손으로 뜯어.
개망초, 달맞이꽃, 뽀리뱅이, 꽃다지처럼 어린순을 먹는 것은 뿌리 위쪽에서 칼로 잘라. 아래쪽 마른 잎을 잘 가려서 뜯으면 나중에 다듬기가 쉬워.

수영, 소리쟁이 따위는 뿌리에서 바로 자라 나온 뿌리잎 가운데서 연한 순과 줄기를 뿌리 가까이에서 칼로 잘라. 뿌리까지 먹기도 하니까 뿌리째 캐기도 해.

소리쟁이 연한 순과 줄기

쑥, 양지꽃은 뿌리 위쪽에 있는 마른 잎을 헤치고 연한 어린순만 손이나 칼로 뜯어.

들나물 이름 맞히기

이른 봄, 나물을 캐면서 하던 놀이야. 먼저 시간을 정하고 그 시간 동안 여러 가지 서로 다른 들나물을 뜯어 모으는 거야. 모이기로 한 시간이 되면 둘러앉아 순서를 정하고 이긴 순서대로 모아 온 들나물을 한 가지씩 이름을 대면서 꺼내는 거지. 그럼 다른 사람들은 내민 들나물이 자기가 뜯어 온 들나물 가운데 있으면 살고 없으면 죽는 거야. 이렇게 순서대로 해서 끝까지 남는 사람이 이기는 놀이야.

봄 · 19

한 바구니 가득 싱그러운 봄 냄새가 가득해.
애들아, 봄나물은 많이 했니?
잎을 뜯기도 하고 뿌리째 캐기도 했지.
어떤 봄나물을 해 왔을까?
모두 모두 늘어놓고 이름 맞히기 한번 해 볼까?
오종종 동그란 이파리 무슨 나물일까?
뾰족뾰족 가시 이파리 무슨 나물일까?
갈기갈기 기다란 이파리는 무슨 나물일까?
오동통한 이파리는 무슨 나물일까?
잔뿌리가 덕지덕지 무슨 나물일까?
솜털이 보송송송 무슨 나물일까?
향긋한 이 냄새는 무슨 나물일까?
희끗희끗 온통 하얘. 무슨 나물일까?

망초

개망초
봄부터 초겨울까지 어린순을
항상 먹을 수 있어. 어린순을 데쳐
나물로 먹거나 고깃국에 넣어
먹어도 좋아. 튀김을
해도 맛이 좋고
생으로 먹거나 즙을
내어 먹어도 돼.
하지만 너무 많이 먹지는 마.

쑥
봄에 어린순을 뜯어 쑥떡, 쑥국수,
쑥된장국, 또 나물로 무쳐 먹으면 좋아. 다 자란
쑥도 뜯어다 바싹 말려 두면 여기저기 넣어 먹을 데가 많고 녹차와
함께 쑥차를 만들어 먹어도 좋아. 단 너무 많이 먹으면 구역질이
나니까 조심!

민들레(서양민들레)
사시사철 어느 때나 먹을 수 있는 풀이야. 잎을 살짝 데쳐
나물로 해 먹고 튀겨도 먹고 생으로 샐러드를 해도 좋아. 꽃은
소금에 절였다가 살짝 데쳐 잠시 우려내고 무쳐 먹으면 별미야.
쓴맛이 있기는 하지만 생으로 쌈을 싸 먹으면 쌉싸래한
민들레 특유의 맛을 즐길 수 있고 즙을 내어 먹어도 좋지.

뿌리뱅이

질경이
봄부터 가을까지 싱싱한
잎을 먹을 수 있어. 깨끗한 새잎으로 쌈을 싸 먹거나 잎과 뿌리를
모두 국에 넣어 먹거나 소금을 넣고 가볍게 데쳐 나물로 무쳐 먹어도
좋아. 죽을 쑤어 먹기도 하고 기름에 볶든지 튀겨 먹어도 좋지.

미나리
독특한 향기가 있어 밥상에 자주 오르는 풀이야. 김치 담글 때 꼭
필요하고 생선찌개에도 빠지지 않지. 생으로 무쳐 먹어도 좋고
살짝 데쳐서 무쳐 먹어도 좋아. 하지만 미나리는 지나치게
조리하면 독특한 향기가 사라지니까 가볍게 데치거나 생으로
먹는 게 좋지.

소리쟁이
어린순은 조금 신맛이 돌아. 그냥 쌈 싸 먹으면 신맛을 즐길 수 있지.
잎이 커서 쌈 싸 먹을 만하고 찌개나 고깃국에 넣어 먹어도 좋아. 맛이 순해서 굳이
데칠 필요가 없고 뜯으면 바로 먹어야 해. 시간이 지나면 푸른빛이 누렇게 변해 버려.

황새냉이
어린순을 따서 고깃국에 넣어 먹거나 살짝 데쳐서 나물로 무쳐 먹고 기름에 튀기거나 부침을 해 먹기도 해. 잘게 썰어서 나물밥을 지어 먹으면 맛있지.

양지꽃
어린순은 쓴맛이 없고 담백해. 생으로 먹든지 마요네즈에 버무려 샐러드를 하거나 튀김을 해도 구수해. 잎이 좀 자랐어도 데쳐서 무쳐 먹으면 맛이 좋아.

점나도나물

별꽃
맛이 담백해서 어린순을 나물로 무쳐 먹고 상추랑 쌈을 싸 먹어도 좋고 국에 넣어 먹어도 좋아. 다 자란 잎은 생으로 먹든지 즙을 내 먹으면 돼.

냉이
냄새가 향긋해서 봄나물로 사람들이 참 좋아하지. 어린순은 봄에도 나오지만 가을에도 여름에 여문 씨앗이 떨어져 자란 어린순을 먹을 수 있고, 어떤 지역에서는 겨울에도 싱그러운 냉이를 먹을 수 있어. 냉이는 양념고추장을 곁들여 그냥 생채로 먹는 게 가장 좋고, 무침뿐만 아니라 김치도 담가 먹고 국에도 넣어 먹고 죽도 쑤어 먹어. 냉이를 살짝 삶아 낸 물로 국수를 말아 먹으면 별미야.

꽃다지
집 가까이서 흔히 볼 수 있는 풀이라서 봄이 오면 자주 나물로 해 먹고 국도 끓여 먹어. 맛이 담백하고 쓴맛이 없으니까 가볍게 데쳐 한 번 헹구기만 하면 되지. 조금 자라 어린순이 아니더라도 나물로 무쳐 먹어도 되고 새콤달콤하게 생으로 먹어도 좋아. 비빔밥에 넣어 먹어도 좋고 김에다 잎을 나란히 늘어놓고 돌돌 말아 양념장에 찍어 먹으면 별미야.

갈퀴덩굴
갓 자란 어린순을 뜯어다가 나물로 무쳐 먹어. 쓴맛이 강하니까 끓는 물에 데쳐 어느 정도 우려내야 해. 조금 쓴맛은 음식이 소화되는 데 도움이 되지. 다 자란 잎은 먹기가 거북하니까 즙을 내어 물을 섞어 음료수처럼 마시기도 하지.

쇠별꽃
봄부터 가을까지 언제든지 그냥 뜯어서 먹으면 돼. 싱싱한 맛이 입맛을 당기지. 생으로 쌈을 싸 먹든지 국을 끓여 먹어. 맛이 순하니까 샐러드를 해서 먹어도 좋고 말이야.

달맞이꽃
다 자란 잎은 소도 먹지 않아. 어린순만 뜯어 먹어야 해. 매운맛이 있으니까 끓는 물에 데쳐서 찬물에 잠시 우려내어 나물로 무쳐 먹어. 무칠 때 닭고기나 돼지고기를 잘게 다져 볶아 넣으면 훨씬 맛이 좋지. 갓 피어난 꽃을 살짝 튀겨 먹으면 아삭아삭 맛있어.

꽃마리

지칭개
이른 봄 겨울을 난 어린순을 뿌리째 캐어서 국을 끓여 먹거나 데쳐서 나물로 무쳐 먹어.

싱그러운 봄 들판이 우리 집 밥상에서 입맛을 돋워.
봄을 한가득 옮겨다 밥상 위에 올려서 온 가족이 둘러앉아 상큼한 봄 잔치.
잔치, 잔치, 봄 잔치, 훠이이 꽃샘바람아 샘내지 마라.
바구니 한가득 봄나물에 묻은 흙을 살살살 털어 내고
꼼꼼하게 씻어 물기도 탈탈탈 털어 내고
뜨거운 물에다 살짝 데쳐 새콤달콤 무쳐도 보고
조물조물 살살 버무려도 보고 보글보글 국에도 넣어 보고
지글지글 부침도 부쳐 보고 치지이익 치지이익 튀김도 튀겨 보자.
생생한 봄나물을 그대로 푸릇푸릇 샐러드 하면
입 안에서 침이 꼴깍!
한 상 그득 봄을 차려 온 가족이 둘러앉아 봄마중 봄 잔치다!

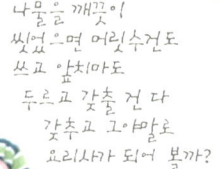

나물을 깨끗이 씻었으면 머릿수건도 쓰고 앞치마도 두르고 갖출 건 다 갖추고 그야말로 요리사가 되어 볼까?

봄나물 요리

어떻게 만들어 먹을까?
무쳐 먹고 튀겨 먹고 버무려 먹고 볶아 먹고 국 끓여 먹어 보자.
먼저, 마른 잎을 떼어 내고 흙이나 먼지는 털어 내고 물로 잘 씻어야 해.
좀 귀찮더라도 정성껏 꼼꼼하게 씻으렴.

새콤달콤하게 무쳐 먹어야지.

무쳐 먹기

쓰거나 신맛이 나는 나물은 끓는 물에 데치고 찬물에 담가 우려내자.
(갈퀴덩굴, 쑥, 달맞이꽃, 개망초, 냉이, 지칭개, 방가지똥, 소리쟁이 따위.)
된장을 넣어 무칠까? 고추장을 넣어 무칠까?
맛에 따라 식초도 넣고 참기름, 들기름도 넣고.
어떻게 무치는 게 가장 잘 어울릴까?
신맛이 나면 식초를 넣어야 좋고 쓴맛이 나면 고추장을 넣어야 좋아.
맛이 담백한 나물은 그냥 생채로 무쳐 먹어.(달래, 꽃다지, 별꽃, 돌나물, 점나도나물 따위.)
꽃다지, 별꽃, 점나도나물은 살짝 데쳐서 먹으면 풀 맛을 없앨 수 있어.
새콤달콤 간장 양념을 곁들이면 상큼하겠지.

튀겨 먹기

나물 떫은맛은 기름에 약해서 기름에 튀기면 희한하게도 먹기 좋은 맛이 돼. 밀가루 반죽을 살짝 묻혀서 기름에 넣고 기름 위로 떠오르면 얼른 건져 내서 기름을 빼렴.(민들레, 질경이, 양지꽃, 개망초 따위.)

부쳐 먹기

부침가루에 나물을 넣어 반죽해서 프라이팬에 치그그르 부치면
군침이 호루루룩! 쇠고기나 오징어 같은 것을 곁들여 부치면
더 감칠맛 나는 봄나물 부침개 완성!
(달래, 꽃다지, 개망초, 냉이, 미나리 따위.)

튀기니까 나물의 떫고 아린 맛이 없어지고 고소한 맛이랑 싱싱함이 살아 있어.

볶아 먹기
데쳐서 물기를 뺀 나물을 참기름이나 들기름을 넣고 볶아. 간장, 깨, 마늘, 파로 양념을 하면 나물 한 접시요!(질경이, 양지꽃 따위.)

버무려 먹기
나물을 생으로 먹기 좋은 크기로 썰어. 입이 크면 크게 썰고 입이 작으면 작게 썰고 그건 맘대로지. 식초, 설탕, 연겨자, 간장, 마요네즈 따위 갖은 소스를 만들어 살살 뿌려 버무려 먹으면 없던 입맛도 다시 돌아올 거야. 아, 가장 쉬운 방법 한 가지 알려 줄게. 떠 먹는 요구르트를 넣어 버무려 먹으면 돼. 맛을 보고 설탕, 식초, 소금을 살짝 곁들여 봐. 맛이 끝내 주지?
(민들레 꽃과 잎, 점나도나물, 별꽃, 꽃다지 따위.)

참기름은 봄나물이 가지고 있는 영양분이 몸에 잘 흡수되게 하지.

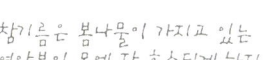

국 끓여 먹기
멸치 국물을 내서 된장을 풀고 나물을 살짝 넣어 김이 모락모락 따뜻한 된장국 한 그릇!(쑥, 냉이, 꽃다지, 별꽃 따위.)
소리쟁이나 황새냉이는 고깃국에 넣어 봐. 이런 맛 못 봤지?

쌈 싸 먹기
양념장을 만들어 쌈을 싸 먹는 거야. 입을 크게 벌려 누구 얼굴이 가장 많이 망가지나 겨뤄 볼까?
(질경이, 민들레, 쇠별꽃, 소리쟁이 따위.)

못 먹는 들나물
산나물에 비해서 들나물은 대부분 먹을 수 있는 것들이야. 독이 좀 있는 것도 끓는 물에 데쳐서 우려내면 먹을 수 있어. 그래도 애기똥풀, 현호색, 미나리아재비는 독성이 강해서 먹지 않는 게 좋아. 애기똥풀은 경련을 일으키고 눈동자가 수축 마비되고 혼수상태가 될 수도 있어. 잎을 따면 노란 즙액이 나오니까 구별하기 쉽지. 노란 즙액이 '아기 똥' 같다고 '애기똥풀'이라 불러.

애기똥풀 어린잎

들나물이 재배 채소보다 영양분이 풍부해
재배 채소는 비닐하우스에서 키우니까 아무 때나 먹을 수 있지만 들나물은 들에서 스스로 자라니까 꼭 제철에만 먹을 수 있어. 채소나 과일은 제철에 나는 것을 먹는 게 좋다고 해. 들나물은 농약이나 화학 비료로 키우는 재배 채소보다는 비타민이나 무기질이 풍부하고, 향이 강하고 신선해서 우리 입맛을 더 돋우지.

봄이 되니까 피곤하고 졸려.

그럴 때는 비타민 A와 C가 듬뿍 들어 있는 봄나물이 최고야!

내 작은 꽃밭 만들어 가꾸기

이른 봄 가장 일찍 꽃을 볼 수 있는 봄 들꽃인 냉이, 꽃다지, 꽃마리, 점나도나물, 별꽃, 광대나물, 개불알풀 따위를 모종삽으로 흙이랑 함께 조심스레 떠내 와서 못 쓰는 플라스틱 통이나 그릇에 옮겨 심어서 작은 꽃밭을 만들어 보자.

준비물

플라스틱 그릇이나 통 / 망 / 송곳

꽃밭 1

밑바닥에 물이 빠질 수 있게끔 구멍을 뚫어.

망을 깔거나 돌멩이로 막아 흙이 빠지지 않게 해.

물 빠짐이 수월하게 밑에다 굵은 모래를 깔아.

꽃밭에 옮겨 심을 들꽃을 정하고 모종삽으로 뿌리랑 둘레를 싸고 있는 흙을 같이 떠내야 해.

모종삽을 깊숙이 넣어야 해.

만들어 놓은 꽃밭에 흙이랑 함께 떠 놓은 들꽃들을 넣고 빈틈은 흙을 채워 넣어.

마지막으로 물을 듬뿍 주는 거야.

꽃밭 2

플라스틱 통에 구멍을 뚫어 줄을 매. 나머지 방법은 꽃밭 1 이랑 같아.

별꽃이나 개불알풀 따위 덩굴로 퍼져 자라는 들꽃을 옮겨 심고 매달아.

민들레 꽃밭 만들기

민들레 뿌리를 토막 내어 땅에 심는 거야. 토막마다 진짜로 싹이 나올까?

거꾸로 심거나 옆으로 누여서도 심어 보자.

물 주기

들꽃이 자연에서 그냥 자랄 때는 거의 시들지 않아. 가뭄이 오래갈 때를 빼면 말이야. 하지만 이렇게 작은 화분에 옮겨 심으면 하루만 지나도 흙이 말라 버려. 그러니까 2~3일에 한 번씩은 꼭 물을 주어야 해. 그렇다고 너무 많이 주는 것은 좋지 않아. 웃자라고 볼품이 없어지거든. 약간 습기가 모자란 듯 주는 게 좋아. 물을 줄 때는 오전에 주고 뿌리가 흠뻑 젖었다 빠질 수 있도록 하렴.

어때, 들나물 잎사귀가 재미나게 생기지 않았니?
언뜻 보면 같아 보일 수도 있지만, 비슷하면서도 다 다르잖아.
본 대로 그대로 그리면서 어디가 어떻게 다른지 찾아보자.

봄놀이 꽃놀이
봄에 피는 꽃

히히히, 내 이름을 알아맞혀 봐.
봄꽃들이 피어 있는 더미 속을 잘 살피면 날 만날 수 있어.
열매가 꼭 강아지 불알을 닮았다고 사람들은 날 이렇게 불러.
답이 벌써 다 나왔네. 너희들이 맞혀 봐.

애들아, 들로 산으로 봄놀이 꽃놀이 가자꾸나.
영식아, 봄이야, 나무야, 단이야, 어서 나오너라.
똥 누걸랑 빨랑 누고 밥 먹걸랑 빨랑 먹어라.
우리 봄놀이, 꽃놀이 갈란다.
햇볕이 쨍쨍해 꽃봉오리 다 벌어진다.
제비꽃이 생글거리고 민들레가 방긋 웃는다.
연둣빛 봄기운에 온몸이 근질근질하지 않니?
개나리, 진달래가 여기저기서 손짓하고 있구나!

대문 밖을 나서니 여기저기 봄꽃들이 올라와 있구나.
노란 꽃다지 꽃이 올라오고
하얀 냉이 꽃은 어느새 키가 저렇게나 자랐을까?
돌돌돌 말려 올라오는 꽃마리 꽃은
눈 좀 크게 떠야 보일 거야.
햇볕이 따끈한 양지바른 곳에 노란 양지꽃이,
하얀 별처럼 생긴 별꽃도 아이, 부끄러워!
수줍은 듯 올라왔구나.
봄꽃들이 우리를 보고 방글거리고 생글거리는구나.
안녕, 봄꽃들아! 만나서 반갑구나, 반가워.

냉이와 꽃다지를 어떻게 구별할까?

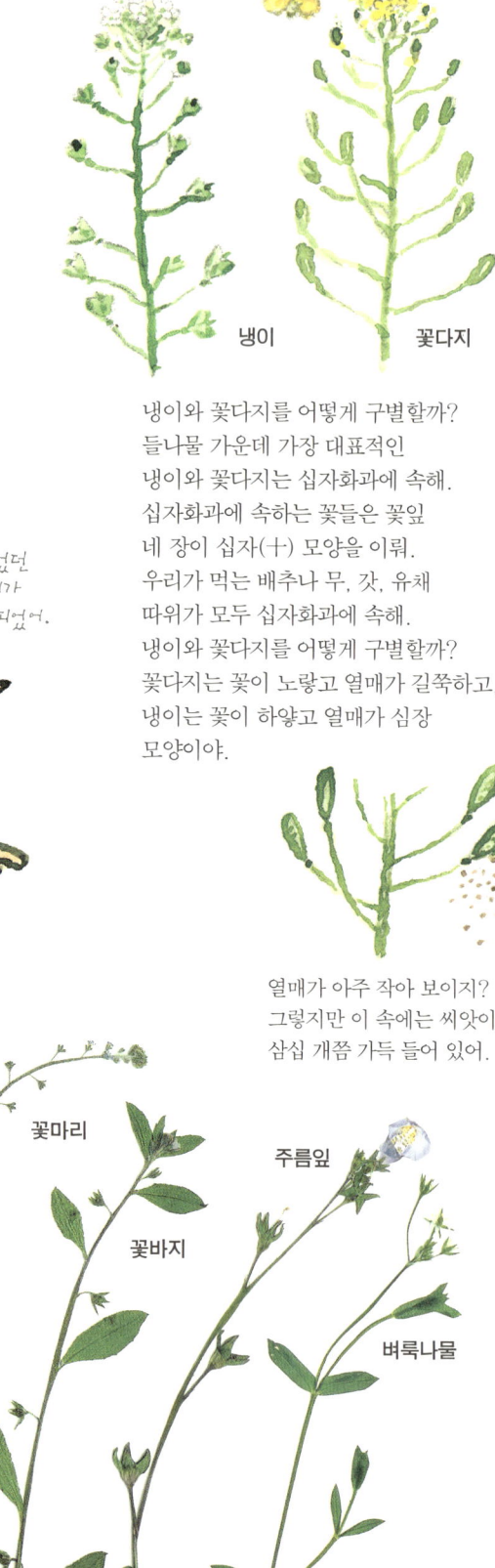

냉이와 꽃다지를 어떻게 구별할까?
들나물 가운데 가장 대표적인
냉이와 꽃다지는 십자화과에 속해.
십자화과에 속하는 꽃들은 꽃잎
네 장이 십자(十) 모양을 이뤄.
우리가 먹는 배추나 무, 갓, 유채
따위가 모두 십자화과에 속해.
냉이와 꽃다지를 어떻게 구별할까?
꽃다지는 꽃이 노랗고 열매가 길쭉하고,
냉이는 꽃이 하얗고 열매가 심장
모양이야.

열매가 아주 작아 보이지?
그렇지만 이 속에는 씨앗이
삼십 개쯤 가득 들어 있어.

우아,
온통 꽃밭이네!

봄나물 해 먹었던
냉이와 꽃다지가
저렇게 꽃이 피었어.

냉이 꽃다지 꽃마리 주름잎
        꽃바지 벼룩나물

꽃잎은 몇 장일까?

피나물은 실제 크기보다 조금 작고 양지꽃은 두 배 크기, 개불알풀은 네 배, 나머지 꽃은 열 배 넘게 크게 그린 거야.

꽃마리 1장   개불알풀 1장   냉이 4장

꽃마리는 꽃잎이 다섯 갈래로 갈라져 5장처럼 보이지 않니? 개불알풀은 네 갈래로 갈라져 4장으로 보이고 말이야. 속아 넘어갈 뻔했지? 꽃마리나 개불알풀 꽃잎은 여러 장처럼 갈라져 보이지만 진짜는 아래가 하나로 붙어 있는 통꽃이야.

빌로도재니등에

주로 4~5월에 볼 수 있어. 어른벌레는 양지꽃, 진달래 따위 꽃을 좋아하고 꽃에 앉아 있으면 벌인가 하고 착각할 정도야. 하지만 자세히 보면 날개가 한 쌍이고 뒷날개가 퇴화되어 생긴 평균곤이 붙어 있어서 파리 무리라는 걸 알 수 있어. 공중에서 멈출 수도 있고 빠르게 방향도 바꿀 수 있어. 나는 모습은 꼭 헬리콥터 같아. 등산로 어귀에서도 많이 볼 수 있지. 왜 빌로도재니등에란 이름이 붙었는지 벌써 알아챘지? 온몸에 난 털이 빌로도(벨벳) 옷감처럼 생겨서 붙은 이름이야. 몸길이는 7~11mm이고 까만색 주둥이는 꿀을 빨기 좋게 길쭉한데 거의 몸길이만 해. 발은 가늘고 길어.

피나물 4장   양지꽃 5장

별꽃은 몇 장일까? 10장이라고? 땡! 답은 5장. 10장처럼 보이지만 꽃잎을 따서 자세히 보면 꽃잎 한 장이 깊숙하게 갈라져 꼭 두 장처럼 보이는 거야.

별꽃

5장

양지꽃

별꽃 무리에 속하는 꽃들의 꽃잎 모양

벼룩나물
꽃잎이 별꽃보다 더 살쪄 보이지. 별꽃처럼 5장이야.

점나도나물
별꽃보다 더 얕게 갈라졌어.

벼룩이자리
거의 갈라지지 않았어.

빌로도재니등에

양지꽃

개불알풀

별꽃

"나리 나리 개나리 입에 따다 물고요……."
개나리가 울타리 무성하게 노란 튀밥을 튀겨 놓았어.
파릇한 입도 한 장 없이 햇빛을 좋아하는
노란 꽃들이 소복하게 피었어.
"개나리 노란 꽃 그늘 아래 가지런히 놓여 있는
꼬까신 하나……."
들판으로 나가니 수줍은 듯 봄꽃들이 소곤대고 있어.
키 큰 친구들이 자라나기 전에 햇빛을 조금이라도
더 받으려고 앞 다투어 꽃을 피우는 거야.
노란 민들레가 갓털을 팔랑거리며 눈부시게 피었어.
고개 숙인 듯 참한 제비꽃은
꽃 색깔도 잎 모양도 여러 가지야.
꼭 꼬부랑 할머니처럼 등 굽은 할미꽃도
보송보송 털을 햇빛에 반짝거리며,
"얘들아, 어서 오너라!" 하는 거 같지 않니?
꼭 손바닥을 내밀어 우리 할머니처럼
볼을 어루만져 줄 거 같구나.

개나리 열매를 보기 쉽지 않은 까닭

개나리는 제꽃가루받이를 피하기 위해 두 가지 형태의 꽃을 피우거든. 짧은 수술과 긴 암술 꽃(장주화)과 긴 수술과 짧은 암술 꽃(단주화)이야. 짧은 수술의 꽃가루가 짧은 암술로, 긴 수술의 꽃가루가 긴 암술로 옮겨져야 꽃가루받이가 이루어지는데 한 가지 종류의 꽃이 많을 경우 꽃가루받이가 제대로 되지 않아 열매를 맺지 못하게 되지. 두 가지 종류의 꽃이 반씩 섞여 있다면 물론 열매를 많이 맺겠지만 말이야. 너희도 개나리꽃을 따서 어떤 꽃이 더 많은지 조사해 보렴.

암술 1개 / 수술 2개 / 장주화
수술 / 암술 / 단주화

어, 여기는 암술이 긴 장주화가 더 많네.

개나리
길가 담장 옆을 지나다 보면 앙증맞은 노란 꽃들이 저마다 앞 다투어 봄 인사를 해. 꼭 튀밥 같다고 '튀밥꽃'이라 부르기도 하고 황금 종 모양이라고 서양에서는 '골든 벨'이라고 부르는 개나리야. 개나리는 우리랑은 아주 친근한 꽃이지. 꽃이 지기 시작하면 잎이 삐죽삐죽 고개를 내밀기 시작해. 우리나라 어디서나 자라는 토박이 꽃이고 사람들이 심어서 자라기도 해.

할미꽃
할미꽃도 개나리처럼 우리나라 토박이 꽃이지. 양지바른 언덕에 자라는 여러해살이풀이야. 요즘은 꽃집에서 화분에 심어서 많이 팔아. 할미꽃은 꽃잎이 없어. 꽃잎처럼 보이는 것은 꽃받침 조각이야. 꽃이 지면 암술대가 하얗게 뭉쳐 자라는데 꼭 머리를 푼 할머니 같다고 '할미꽃'이란 이름이 붙었지. 독이 있으니까 먹으면 안 된다는 거 잊지 마.

제비꽃

민들레

개나리 헬리콥터

개나리꽃을 따서 하늘로 던지면 꼭 헬리콥터 프로펠러처럼 빙글뱅글 돌면서 떨어져.

갈퀴덩굴 헬리콥터

갈퀴덩굴은 층층이 잎이 돌려나. 층층이 잘라서 줄기를 돌리면서 날려 봐. 꼭 헬리콥터 프로펠러처럼 빙글뱅글 돌면서 떨어져.

개나리꽃 목걸이

솔잎에 실을 끼워서 개나리꽃을 꿰면 멋진 개나리꽃 목걸이가 되는 거야.

솔잎에 실을 끼워서 개나리꽃을 꿰는 거야.

갈퀴덩굴 붙이기

갈퀴덩굴 잎과 줄기에는 잔가시가 있어서 옷에 잘 붙어. 층층이 잘라 낸 잎을 친구 옷에 붙여 예쁘게 꾸며 봐. 누가 누가 더 멋진 옷이 되었니?

갈퀴덩굴

무덤 둘레에서 많이 볼 수 있는 할미꽃

무덤 자리는 대개 양지바른 언덕이야. 또 무덤이 무너지지 않게 흙에 석회를 섞는데, 석회 때문에 무덤 둘레 흙이 알카리성이 되지. 할미꽃은 양지바른 언덕에서 잘 자라고 알카리성 흙을 좋아하기 때문에 무덤 둘레에서 많이 볼 수 있는 거야.

개나리잎벌 애벌레

개나리 잎에 새까맣게 무리 지어서 잎을 갉아 먹는 벌레들을 자주 보게 되는데 이 벌레는 개나리 잎만 먹고 자라는 개나리잎벌 애벌레야. 한 달쯤 잎을 갉아 먹다가 땅속에 들어가 흙집을 짓고 겨울을 나. 그러고는 이듬해 4월에 어른벌레가 되지. 어른벌레는 아직 벌어지지 않은 개나리 잎눈 속에 알을 낳고 바로 죽어서 쉽게 볼 수 없어. 하지만 애벌레들은 떼로 모여 오랜 기간 잎을 먹어서 5월에 개나리 잎에서 쉽게 찾아볼 수 있어.

개나리잎벌
몸길이 6~7mm

애벌레
몸길이 16mm

봄 · 33

제비꽃

제비꽃은 이름이 아주 많아.
오랑캐꽃, 씨름꽃, 장수꽃, 앉은뱅이꽃,
병아리꽃, 외나물 따위가 모두 제비꽃을
부르는 다른 이름이야.
제비꽃은 종류도 아주 많아.
보라 꽃, 흰 꽃, 노란 꽃, 분홍 꽃,
색깔도 가지가지고,
둥근 잎, 세모 잎, 하트 모양, 단풍잎 모양,
잎 모양도 가지가지야.
줄기도 있는 것도 있고 없는 것도 있고
꽃송이가 큰 것도 있고 작은 것도 있고……

제비꽃 구조

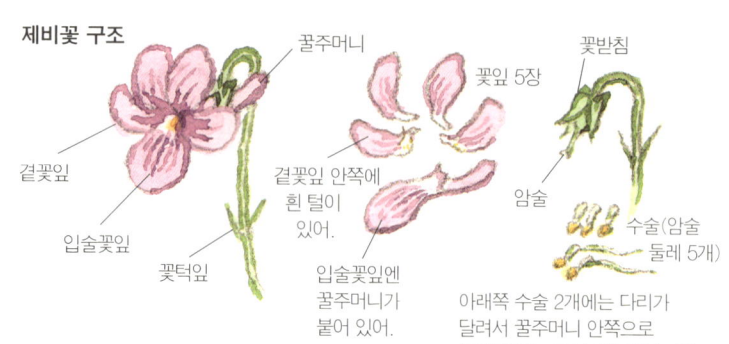

여러 가지 색깔의 제비꽃

보라색 제비꽃

붉은 보라색 알록제비꽃 / 분홍색 고깔제비꽃

노란색 노랑제비꽃

줄기가 없는 제비꽃

제비꽃, 호제비꽃, 남산제비꽃, 알록제비꽃, 고깔제비꽃 따위

뿌리잎
턱잎

흰색 남산제비꽃

가운데가 푸른빛이 도는 흰색
미국제비꽃(종지나물)

줄기가 있는 제비꽃

콩제비꽃,
노랑제비꽃,
졸방제비꽃,
낚시제비꽃 따위

턱잎
줄기잎
뿌리잎

콩제비꽃

여러 가지 모양 제비꽃 잎사귀

꽃이 핀 뒤에 자라난 제비꽃 잎사귀

제비꽃
잎자루에 날개가 있어.

호제비꽃
잎자루에 날개가 없어.

알록제비꽃
잎에 흰색 무늬가 있어서 이름이 알록제비꽃이야.

남산제비꽃
잎이 깊게 갈라져 있어.

콩제비꽃
콩팥 모양이야.

민들레

민들레는 우리랑 아주 친근한 꽃이야. 길가 어느 틈에서나 방글거리며 얼굴을 내밀고 있는 민들레를 쉽게 볼 수 있지. 하지만 요즘 우리 눈에 띄는 민들레는 대부분 '서양민들레'라는 꽃이야. 그냥 민들레는 거의 볼 수가 없어. 그럼 대체 그냥 '민들레'는 어디로 사라져 버린 걸까?

두상꽃차례

민들레는 꽃이 한 송이처럼 보이지만, 사실은 100개에서 200개쯤 되는 작은 꽃들이 모여서 하나의 꽃송이를 이루고 있어. 꽃잎처럼 달린 것이 바로 모두 꽃인 거야. 자세히 보면 그 작은 꽃은 암술과 수술을 모두 갖추고 있어. 꽃잎 끝을 보면 들쭉날쭉 톱니바퀴처럼 되어 있는데 몇 개의 꽃잎이 작아져 한 개로 합쳐진 흔적이야. 이렇게 여러 꽃이 꽃대 끝에 모여 머리 모양을 이룬 두상꽃차례 꽃에는 꽃가루받이를 도와주는 작은 동물이 많이 모여들어. 이 동물을 먹으려고 포식 동물도 많이 모여들긴 하지만 워낙 작은 꽃이 많아서 몇 개라도 살아남아 씨앗을 남길 수 있어.

민들레와 서양민들레

요즘 도시에서는 민들레 보기가 어려워졌어. 볼 수 있는 건 대부분 100년 전쯤 유럽에서 건너온 서양민들레야. 민들레와 서양민들레가 어떻게 다를까?

민들레 — 민들레는 모인꽃싸개잎(총포)이 뒤로 젖혀져 있지 않아.

서양민들레 — 서양민들레 꽃 색깔이 더 짙은 노란색이야. 모인 꽃 속 낱낱 꽃송이 수가 더 많아.

민들레가 서양민들레한테 밀려나는 까닭

민들레는 봄에만 꽃을 피워. 하지만 서양민들레는 봄 여름 가을에 걸쳐 쉬지 않고 꽃을 피우지. 식물은 보통 다른 개체 암술로 꽃가루가 옮겨 가야만 열매를 맺을 수 있는데, 서양민들레는 제꽃가루받이를 하기 때문에 혼자 떨어져 있어도 열매를 맺을 수 있어. 민들레가 서양민들레한테 밀려나는 가장 큰 까닭은 자연이 파괴되어서야. 자연이 살아 있는 곳엔 외래 식물인 서양민들레가 자리 잡기 쉽지 않아. 그러니 자연이 망가진 곳에 날아들어 세력을 넓히는 거지.

민들레 꽃 놀이

속이 빈 꽃대를 잘라 한쪽 끝을 납작하게 눌러서 만든 민들레 꽃대 피리. 어떻게 부냐고? 납작하게 누른 쪽을 입으로 부는 거야. 처음엔 길 안 불이지지만 요령이 생기면 잘 불어져.

꽃대를 길게 둘로 갈라 손목에 두르고 묶으면 멋진 민들레 팔찌.

제비꽃 놀이

꽃자루를 찢어서 끝을 꿰어 고리를 만들어 귀에 걸면 제비꽃 귀걸이. 꽃자루가 짧은 것을 손가락에 끼우면 제비꽃 반지.

고깔제비꽃

꽃이 필 때 잎 밑 부분이 말려 있어서 고깔 모양 같아. 그래서 고깔제비꽃이지. 꽃이 지면 잎이 심장 모양으로 펴지면서 자라.

꽃을 엇갈려 걸고 당겨서 꽃이 떨어지게 하는 제비꽃 씨름. 물론 꽃이 먼저 떨어지는 쪽이 지는 거지.

짐 싸기 명수들이 짐을 풀어내기 시작했어.
겨우내 털옷 속에 가죽 옷 속에 싸 두었던 짐들을 풀어내고 있지.
짐 속에 뭐가 들어 있을까? 꽃이야, 바로 꽃을 싸고 있었어.
꽃눈이 부풀어올라 꽃망울을 맺고 꽃망울이 벌어지면서
꽃이 피어나는 거야.
이른 봄 꽃을 피우는 나무들은 꽃눈 먼저 틔워.
생강나무가 오종종 노란 꽃을 조롱조롱 매달고,
개암나무, 오리나무 꽃들은 신기하기도 해.
수꽃은 주렁주렁, 암꽃은 눈에 띌까, 말까?
모두들 "바람아, 불어 다오! 꽃가루를 날려 다오."
하고 외치고 있는 듯하지 않니?

생강나무
우리가 사는 도시에서 샛노란 개나리가 봄 인사를 한다면, 산에 가면 샛노란 생강나무 꽃이 봄 인사를 해. 동그란 꽃망울이 금을 따라 벌어지면서 꼭 우산 모양처럼 작은 꽃들을 뭉쳐 달고 나뭇가지에 올망졸망 납작하게 붙어 나. 가지나 어린잎을 따서 손으로 비벼 냄새를 맡으면 생강 냄새가 나. 우리나라에는 우리가 양념으로 쓰는 생강이 1608년쯤 들어왔대. 그러니 생강보다 생강나무가 먼저 있었던 거지. 잎을 말려 생강 대신 향료로 쓰기도 하고, 동백나무가 자라지 않는 중부 이북 지방에서는 동백기름 대신 생강나무 기름을 짜서 머릿기름으로 썼어. 그래서 생강나무를 강원도에서는 '동박나무'라 부르기도 했지. 어린잎으로는 차를 끓여 먹는데 '작설차'라 불러.

생강나무와 산수유를 어떻게 구별할까?
생강나무와 산수유는 이른 봄 비슷한 시기에 꽃을 피워. 꽃 모양도 비슷하고 같은 노란색이라서 자주 헷갈리지만 자세히 보면 다른 것을 알 수 있어. 생강나무는 작은 꽃송이를 달고 있는 꽃자루가 짧고 꽃 전체를 달고 있는 자루도 거의 없어서 꽃이 가지 끝에 바짝 붙어 있는 꼴이야. 하지만 산수유는 꽃자루가 길고 작은 꽃송이는 생강나무보다 작아서 성글어 보여. 나무줄기로도 구별할 수 있는데 줄기 껍질이 너덜너덜 벗겨져 있으면 산수유지. 산에서 보이는 건 대개 생강나무고 마을에서 보이는 건 거의 산수유야.

생강나무 헛수술
겉으로 보기에는 꽃밥과 수술대를 갖춘 수술처럼 보이지만 꽃가루를 만들어 내지 못하는 수술을 헛수술이라고 해. 헛수술은 꽃가루받이를 해 주는 곤충들을 끌어들이는 역할을 해. 생강나무 꽃도 샛노란 헛수술이 있어서 봄 햇살에 더욱 빛을 내며
"곤충들아, 어서 날아오너라."
손짓을 하지.

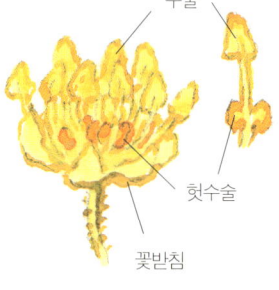

생강나무 꽃눈

꽃눈 껍질이 벌어지면서 7~15개 가량 작은 꽃봉오리가 드러나.

꽃봉오리 껍질이 여섯 갈래로 갈라지면서 꽃이 피는 거야. 꽃잎은 없고 암술이 있는 꽃과 수술로만 된 꽃, 두 종류 꽃이 펴.

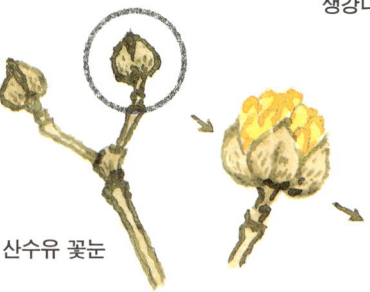

산수유 꽃눈

꽃눈 껍질이 벌어지면서 20~30개 가량 작은 꽃봉오리가 드러나.

꽃봉오리 껍질이 네 갈래로 갈라지면서 꽃이 펴. 꽃자루가 생강나무보다 길고 꽃이 성글어 보여.

산수유
가을에 영그는 빨간 열매가 더 많이 알려진 나무야. 꽃은 꼭 생강나무랑 비슷하지만 줄기가 너덜너덜하고 주로 마을 가까이서 자라. 벚나무나 개나리보다 더 일찍 꽃을 피우고 대개 남쪽 지방에서 볼 수 있어. 봄을 알리는 가장 대표적인 꽃으로 산수유를 꼽지.

개암나무

옛이야기에서 도깨비들을 어구구 모두 놀라게 해 버린 열매를 기억하고 있니? 그래, 바로 개암이지. 개암나무는 키가 크지 않아 나무에 오르지 않고도 쉽게 개암을 딸 수 있어. 빛깔이 짙은 잘 익은 개암은 딱딱한 껍질을 벗겨 내고 속살을 깨물면 맛이 아주 고소해. 개암은 영양이 풍부하고 기름으로 짜 먹어도 맛이 좋아. 개암나무는 산기슭 양지바른 곳이면 어디든 잘 자라고 가뭄과 추위도 잘 견뎌. 또 개암이 땅에 떨어져 썩으면 땅을 기름지게도 하지.

암꽃 / 개암나무

수꽃 한 송이를 확대한 것
꽃밥

암꽃 / 수꽃

수백만 개 꽃가루
꼬리처럼 생긴 수꽃 이삭 한 개에서 200만~500만 개 꽃가루가 만들어져.

오리나무

옛날에는 요즘처럼 거리를 알려 주는 어떤 표시가 없어서 대략 5리(五里)마다 오리나무를 심어 이정표로 삼았다는 이야기가 있어. 그래서 '오리'나무란 이름이 붙은 거라나. "사방팔방 오리나무", "십 리 절반 오리나무" 이런 말도 있지만 요즘은 오리나무를 쉽게 찾을 수는 없어. 형제뻘 되는 물오리나무나 사방오리는 자주 볼 수 있지만 말이야. 오리나무는 '물감나무'라 부르기도 하는데, 그건 나무껍질이나 열매에 타닌이 들어 있어 붉은색 염료로 쓰이기 때문이야. 다 자라면 20m까지 크기도 하고 꽃은 잎이 나기 전인 이른 봄 달려. 꽃가루를 한껏 머금은 수꽃 이삭이 가지 끝에 축 늘어져 달리고, 그 둘레를 자세히 살피면 아주 작은 붉은색 암꽃을 볼 수 있어. 잎은 꽃이 질 무렵 나고 길쭉한 타원형이야.

수꽃

이렇게 길게 늘어져서 바람이 조금만 불어도 꽃가루가 아주 잘 휘날리지.

개암나무랑 오리나무가 잎보다 먼저 꽃을 피우는 까닭

개암나무나 오리나무는 꽃가루가 바람에 날려 옮겨 가는 '풍매화'여서, 잎이 있으면 꽃가루가 바람에 옮겨 가는 길을 막기 때문에 잎을 내지 않고 먼저 벌거벗은 채 꽃을 피우는 거야.

생강나무랑 개암나무 꽃이 피면 비로소 숲에 봄이 시작되는 거야.

눈이나 가지, 잎에서 생강 냄새가 나.

그래서 이름이 생강나무야.

생강나무 잎 쌈이랑 생강나무 잎 차

생강나무 어린잎을 따서 쌈을 싸 먹을 수 있어. 잎에서 맵고 짠 맛이 나서 쌈장 없이도 싸 먹을 수 있어. 생강 냄새도 나지. 생강나무 어린순을 따서 말렸다가 차로 먹을 수 있는데 이 차 이름이 '작설차'야. 어린순 모양이 참새 혓바닥을 닮았다고 그렇게 불러.

생강나무 잎

씻어서 바로 쌈싸먹을 수 있어.

정말 맵고 짠맛이 날까?

아직 휑해 보이는 듯한 산 속에도 봄은 아른거리고 있어.
나무줄기는 잔뜩 물이 올라 있고,
잎눈과 꽃눈도 덩달아 탱탱해졌지.
양지바른 언덕배기에서 가장 먼저 봄을 알리는 노란 복수초는
벌써 지려 하고, 고깔모자 쓴 얼레지가 애호랑나비와
겨울 동안 나누지 못했던 수다를 조잘조잘.
산괴불주머니랑 산괴불나무는 끼리끼리 속살속살.
그 옆에서 "나도 끼워 줘!" 하며 푸른빛 현호색도 끼웃끼웃.
샛노란 피나물은 꽃잎을 활짝 펼치고 "아이, 햇빛이 좋아!"
저 멀리 노랑제비꽃은 혼자서 맘껏 봄을 만끽하고 있어.

애호랑나비

청띠신선나비

애벌레들은 편식쟁이

애호랑나비는 이른 봄에만 잠깐 볼 수 있는 나비야. 애호랑나비가 나타나는 시기는 진달래꽃이 피는 때랑 같지. 진달래꽃이 지면 애호랑나비도 사라져. 족두리풀 잎 뒷면에 녹색 구슬 같은 작은 알을 다닥다닥 붙여 놓고 말이야. 애벌레가 깨어나면 족두리풀 잎을 먹으면서 자라나 6월쯤 번데기로 탈바꿈해서 겨울을 넘기고 이듬해 이른 봄 다시 어른벌레로 탈바꿈해. 애호랑나비 애벌레는 아무 풀이나 먹지 않아. 족두리풀 잎만 먹거든. 그래서 어미애호랑나비가 꼭 족두리풀에다 알을 낳는 거야. 다른 나비 애벌레들도 아무거나 먹지 않아. 청띠신선나비 애벌레는 청가시덩굴 잎을 먹고, 네발나비는 환삼덩굴 잎을 먹고, 호랑나비는 탱자나무나 산초나무 같은 운향과 식물 잎만 먹어. 애벌레들은 엄청 편식쟁이지 않니?

족두리풀
애호랑나비는 족두리풀 잎 뒷면에 알을 10~20개쯤 낳아.

애호랑나비 알

청가시덩굴 잎을 먹고 있는
청띠신선나비 애벌레

애호랑나비
이른 봄에 피는 얼레지, 벚나무, 진달래, 제비꽃 따위를 즐겨 찾아 꿀을 빨아.
애호랑나비는 이른 봄에만 잠깐 볼 수 있는 나비야. 4월에만 볼 수 있어.

복수초
얼레지는 어린잎을 나물로 먹지만 복수초는 독이 있어서 먹으면 안 돼.

얼레지

돌 위에서 날개를 펼치고 햇볕을 쬐는
청띠신선나비

산괴불나무
꽃도 사이좋게 두 개씩 달리고 열매도 사이좋게 두 개씩 달려.

산속에 피는 꽃들이 이른 봄 일찍 꽃 피고 열매 맺는 까닭

키가 작은 풀꽃들 꽃가루는 대개 곤충들이 옮겨 줘.
곤충들이 꽃가루받이를 도와주는 거지. 그래서 나뭇잎이
가리기 전인 이른 봄 부지런히 꽃을 피워.
나무가 울창해지면 햇볕을 많이 받을 수 없으니까
숲이 그렇게 바뀌기 전에 일찍 꽃 피우고 열매 맺는 거야.

괴불? 괴물 불알?
산괴불나무 붉은 열매는 2개씩
짝을 지어 달리고, 산괴불주머니
까만 씨앗은 속에 들어 있어.
산괴불나무 열매와 산괴불주머니
씨앗 모양이 불알을 닮아서 '괴물
불알'을 줄인 '괴불'이라고 부르지.

산괴불나무 열매

산괴불주머니
열매와 그 안에
든 씨앗

우리는 이제야 겨울잠에서 깨어나
싹을 내는데 복수초는 벌써 열매를 맺고
잠을 자고 있잖나!

산괴불주머니

현호색
현호색, 산괴불주머니, 피나물은
모두 독이 있어서 나물로
먹을 수 없어.

노랑제비꽃

복수초 꽃은 태양 난로
아직 추위가 가시지 않은 이른 봄 복수초는 큰
꽃을 펼쳐 햇빛을 따라 움직이며 꽃 안 온도를
높여. 일찍 깨어난 곤충들은 복수초 꽃 속에서
몸도 데우고 꽃가루도 먹을 수 있어.

피나물
꺾으면 붉은색 즙이 나와.
그래서 이름이 피나물이야.

분홍빛 진달래가 산을 온통 붉게 물들이고 있어.
뭐니 뭐니 해도 산에서 봄을 강렬하게 알리는 꽃은 진달래.
봄이 오면 산과 들에서 지천으로 진달래꽃이 춤을 춰.
한껏 벌어진 진달래 꽃잎은 봄 입맛을 돋워.
시큼달달한 진달래 꽃잎을 한 입 물면,
"히히히, 너 입술 색깔이 파래졌어."
"히히히, 너 입술은 어떻고."
진달래꽃을 따서 화전도 부치고
진달래꽃을 따서 화채도 만들자.
진달래꽃 속에 있는 꽃술을 따서
꽃술 씨름도 해 볼까?
봄놀이 꽃놀이 신난다, 신나!

진달래

봄이 오면 산과 들을 발긋한 분홍빛으로 물들이며 지천으로 진달래가 피지.
다섯 갈래로 갈라진 꽃잎이 한껏 벌어져 방긋방긋 인사하는 거 같기도 해.
가지 끝에 세 개 또는 여섯 개 꽃송이가 모여 달리고 잎은 꽃이 질 때쯤 나와.
진달래랑 비슷한 꽃엔 철쭉이 있는데 철쭉은 독이 있어 먹으면 안 돼.
진달래는 메마른 땅에서 자라고 산성 땅을 좋아해.

너무 많이 먹으면 배 아파.

진달래와 철쭉을 어떻게 구별할까?

사람들이 진달래와 철쭉을 많이 헷갈려 하지? 하지만 진달래와 철쭉을 구별하는 것은 아주 중요해. 먹는 문제가 걸리거든. 진달래는 먹을 수 있다고 '참꽃', 철쭉은 먹을 수 없다고 '개꽃'이라고 불러. 진달래와 철쭉을 헷갈려 절대 철쭉 꽃을 먹어선 안 되겠지? 진달래와 철쭉은 아주 달라. 우선 진달래는 꽃이 먼저 피고 잎이 나중에 나오지만 철쭉은 가지 끝 잎이 자라면서 꽃도 함께 피지. 진달래꽃은 3~4월에 피지만 철쭉 꽃은 5월에 펴. 진달래꽃은 붉은빛이 도는 분홍이고 철쭉 꽃은 진달래꽃보다 크기가 더 크고 좀 더 연한 분홍색을 띠어. 철쭉은 끈적끈적한 점액이 있어. 또 철쭉에는 자주색 점이 찍혀 있어서 쉽게 구별할 수 있어. 산철쭉은 진달래보다 색이 더 짙고 억세 보여.

진달래

철쭉

산철쭉

진달래 꽃전(화전) 만들기

먼저 진달래꽃을 깨끗이 씻어야지. 꽃이 뭉개지지 않게 잘 씻어서 체에 받쳐 물기를 빼 두지.

준비물

찹쌀가루　소금　식용유　깨끗이 씻어 둔 진달래꽃이랑 쑥 잎

화전놀이

우리 민속에 있는 놀이야.
진달래꽃이 한껏 핀 삼월 삼짇날 아낙네들이 따뜻한 봄볕 아래서 진달래 화전을 부쳐 먹으며 노는 것이야. 집안 남정네들이 무거운 솥뚜껑 따위를 날라다 주고 슬그머니 사라져. 그럼 솥뚜껑을 뒤집어서 기름을 두르고 찹쌀가루 반죽에 진달래 꽃잎을 올려 화전을 부쳐. 화전도 먹고 춤도 추고 노래도 부르며 봄날 하루를 즐겁게 즐기지. 아이들은 옆에서 진달래 암술대를 휘어 걸고 당기는 꽃싸움을 하고 놀았어.

① 찹쌀가루에 뜨거운 물을 부어 익반죽해. 반죽하면서 소금을 넣어 간을 해야지.
② 반죽한 것을 손바닥 정도 크기로 둥글고 납작하게 만들어.
③ ②에 깨끗이 씻어 물기를 뺀 진달래꽃이랑 쑥으로 꽃 모양을 만들어 예쁘게 장식해. 자기 나름대로 개성을 살려 만들면 재미있겠지.
④ 프라이팬에 기름을 두르고 ③을 올려.
⑤ 노릇노릇 잘 구어지면 꺼내.(완성!) 장식한 꽃 모양이 흐트러지지 않게 조심해야지. 민들레 꽃을 구할 수 있으면 민들레 꽃으로 화전을 부쳐도 돼.

민들레 화전

반죽을 약간 되게 해서 모양을 만들어 진달래꽃과 쑥 잎을 붙이고 부쳐도 되고.

반죽을 약간 묽게 해서 프라이팬에 한 숟가락씩 떠서 모양을 잡고 그 위에 진달래꽃과 쑥 잎을 눌러 얹어도 돼.

진달래 화채 만들기

준비물

녹말가루　진달래꽃　오미자 즙이나 꿀 또는 설탕　잣 조금

① 잘 씻어 물기를 뺀 진달래 꽃잎에 녹말가루를 묻혀 끓는 물에 살짝 데쳐 건져.
② 모양이 흐트러지지 않게 바로 찬물에 담가야지.
③ 오미자 즙으로 차를 만들어 시원하게 식혀. 오미자 즙이 없으면 꿀물이나 설탕물을 만들어도 좋아.
④ 만들어 둔 진달래 꽃잎 몇 장을 예쁘장하게 오미자차에 띄우고 잣을 두세 개 넣어.(완성!)

"필릴리리리 필릴리리리."
바야흐로 4월은 풀피리 부는 철이야.
이른 봄 막 물이 오른 버드나무 가지를 꺾어
버들피리 불며 필릴리리리.
조릿대 이파리 둘둘 말아 삐이이이.
막 자라난 나뭇잎 한 개 주워 입술 사이에 끼워 삐이이이.
민들레 꽃대를 따서 입에 대고 뿌우우우.
두 손 모아 엄지손가락 사이에 잎사귀 끼우고 삐뻿삐이이.
4월은 풀피리 부는 철, 하도 하도 불어서
하늘이 노랗게 보이는 계절.

진달래 꽃술 놀이
진달래 암술을 엇갈려
걸고 당겨서 끊는 놀이가
바로 진달래 꽃술 놀이야.
끊어진 쪽이 지는 거지.

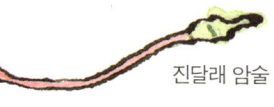
진달래 암술

진달래 꽃관이랑 꽃목걸이

차곡차곡 겹쳐서 꿰기(꽃관)

엇갈려 꿰기(꽃목걸이)

버들피리 만들기
물이 오른 굵기가 1cm 가량 되는 버들가지를 잘라.

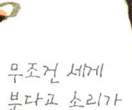

두 손으로 잡고 지그시 비틀면
속에 든 심과 껍질이 떨어져.
한쪽에서부터 조금씩 비틀어
나가는 거야. 너무 힘을 주면
찢어지니까 힘을 잘 조절해야 해.

굵은 쪽 껍질을 조금 벗기면 속에 든 심이
드러나. 심을 입에 물고 두 손으로
당기면서 빼는 거야.
굵은 쪽을 빼내지 않으면
빼기가 힘들고 터져 버려.
또 너무 길어도 빼내기 힘들지.

한쪽 끝을 납작하게 눌러 1cm 가량 속껍질을
남기고 겉껍질을 벗겨 내면 피리 완성!

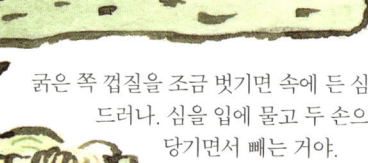

납작한 곳에 입을 대고 불면 돼.
버들피리는 '호드기'라고 하기도 해.

제비꽃 키우기

제비꽃은 씨앗을 심어서 싹 틔울 수도 있지만, 뿌리꽂이·줄기꽂이·잎꽂이로 자라게 할 수도 있어.

뿌리꽂이

이쑤시개 굵기쯤 되는 뿌리를 2cm 길이로 잘라. 자를 때는 날카로운 칼로 깨끗하게 잘라야 해. 흙에다 심을 때는 위와 아래가 바뀌지 않게 하고, 뿌리 위를 흙 표면에 딱 맞춰 심어야 해. 그리고 흙이 마르지 않게 물을 뿌려 줘.

물 빠짐이 좋은 고운 모래흙에 심어야 하고, 오래되거나 오염된 흙에서는 뿌리 내기가 힘드니까 알아 두렴.

잎꽂이

잎자루와 턱잎이 붙어 있는 채로 흙에 비스듬히 심고 물을 자주 주어야 해. 뿌리가 내리려면 한 달쯤 걸려. 한 달 뒤에는 잎을 잘라 주어야 싹 틔우기가 쉬워.

줄기꽂이

줄기가 있는 제비꽃 종류는 줄기꽂이를 할 수 있어. 줄기를 3~4cm쯤 날카로운 칼로 매끈하게 잘라서 모래흙에 심어. 위와 아래가 바뀌지 않게 심어야 해. 물을 충분히 주면 2주 뒤에 뿌리가 나와.

잎을 잘라.

2cm 깊이로 심으면 돼.

배추흰나비 기르기

배추흰나비는 알이나 애벌레를 구하기 쉽고 키우기도 쉬워. 화분에다 배추를 심어서 베란다에 내놓아도 배추흰나비가 날아와 알을 낳기도 해. 요즘에는 텃밭을 가꾸는 곳이 많아졌지? 배추나 무(열무) 키우는 밭에 가 보면 배추흰나비 애벌레는 쉽게 구할 수 있어. 자세히 들여다보면 1mm도 안 되는 노란색 알도 찾을 수 있어. 키우는 상자를 만들어 그 안에 키우면서 관찰해 보면 재미있을 거야. 관찰 일기도 써 보렴.

알 1령 2령 3령 4령 5령

네 번 허물을 벗은 5령 애벌레일 때 키우는 상자를 잘 닫아 두지 않으면 방 안 천장이나 구석 같은 데서 번데기가 되기도 해.

번데기 색깔은 매달린 장소의 색에 따라 달라져. 번데기로 있는 기간은 15일쯤인데 이때 번데기를 만지면 죽어 버리니까 조심해야지.

어른벌레는 탈바꿈하고서 바로 날지 못해. 2시간쯤 날개를 펴고 말려야 해.

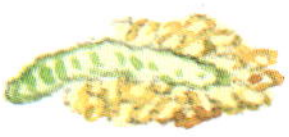

애벌레 가운데 많은 수가 배추흰나비고치벌한테 기생당해서 죽고, 게다가 번데기에서 깨어나지 못하는 것도 많아.

키우는 상자 만들기

못 쓰는 플라스틱 통 뚜껑을 자르고 양파망을 잘라 씌우는 거야. 바닥에다 부엌에서 쓰는 종이 타월 따위를 깔면 좋아.

배추 잎을 병에 담아 넣어 주거나 배추를 화분에 심어 키우는 상자 안에다 넣어 주면 돼.

식물 표본 만들기

금방 폈다가 지는 봄꽃을 오래 간직하고 싶지 않니?
그럼 식물 표본을 만들면 돼.
식물 표본을 만들어 도감에서 이름도 찾아보고,
예쁜 카드를 만들거나 액자에 넣어 걸어 두면 멋지지.
표본을 만들 식물은 크고 화려한 것보다는
작고 아담한 게 오히려 더 좋아.
식물을 채집하러 갈 때는 낡은 책이나 비닐봉지를 가져가.
채집할 때는 희귀한 것보다는 둘레에서
가장 많이 보이는 흔한 들꽃을 구하렴.
책갈피에 잘 펴서 끼우거나 비닐봉지에 넣어 집에 돌아와
신문지에 정성껏 차분히 펴서 끼워 말리는 거야.
식물이 너무 시들어서 펴기가 힘들면 비닐봉지에 넣어서
분무기로 물을 뿌려 두는 거야.
좀 있으면 다시 생생하게 살아나.

양지꽃
말린 것

신문지 위에 잘 펴 놓아.

그 위에다 다른 신문지를 덮어.

다시 그 위에 판자를 놓고 무거운
책이나 돌 따위로 눌러 놓으면 돼.

일 주일쯤 날마다 신문지를 갈아 주어야 색깔이 변하지 않고 잘 말라.
헌 책에 넣어 말릴 때도 마찬가지야.
무거운 것을 올려서 꾹 눌러 주어야 하고 자주 갈피를 옮겨
갈아 주어야 색이 변하지 않고 예쁘게 말릴 수 있지.

우리는 벌레잡기 대장

봄에 볼 수 있는 곤충

어, 집 안으로 벌레가 들어왔네.
바퀴벌레인가? 아냐, 바퀴벌레는 아냐.
거꾸로 뒤집어 놓았더니
방아 찧는 것처럼 톡 튀어서 몸을 바로 하네.
히히, 되게 재밌다.
이 벌레 이름이 뭘까?

찔레꽃 위에서 뭐가 저렇게 와글와글 움직일까?
살금살금 다가가 보니 "우아, 벌레들 천지다!"
흰나비가 팔랑팔랑 날아다니고
수다쟁이 꿀벌들은 붕붕윙윙 시끄럽기도 해.
보송보송 멋진 고운 털옷 입은 호박벌은 포동포동 귀여워.
모두 모두 꿀을 먹느라 맛있게도 냠냠.
드디어 벌레들 계절이 돌아왔어.
"얘들아, 모여라! 벌레잡기 대장들 모여라!"

이런 점은 꼭 주의하렴!

- 천연기념물로 지정된 곤충이나 보기 드문 곤충을 잡아서는 안 돼.

  천연기념물 : 장수하늘소
  멸종 위기종 : 붉은점모시나비, 장수풍뎅이 따위 7종
  감소 추세종 : 청띠제비나비, 톱사슴벌레 따위 4종
  희귀종 : 유리창나비, 비단벌레 따위 20종

- 국립공원이나 천연기념물로 되어 있는 서식지에서는 곤충을 잡아서는 안 돼.
  무주 구천동(천연기념물, 반딧불이 서식 장소)

- 논이나 밭에 함부로 들어가서 곤충을 잡아서는 안 돼.

- 물웅덩이나 벼랑 같은 위험한 곳 가까이서 곤충을 잡아서는 안 돼. 조심하렴.

- 그리고 무엇보다 중요한 것은 곤충을 잡아서 사육하려 하고 표본을 만드는 것보다는 자연 상태에서 곤충을 관찰하는 것이 가장 좋다는 거야. 곤충들이 살아가는 서식 장소에서 곤충을 관찰하고, 관찰한 다음에는 다시 자연으로 돌려보내 줘야지.

돋보기 보는 법

이렇게 돋보기를 움직여서 초점을 맞출 수 있어.

돋보기를 눈 가까이 붙이고 얼굴을 움직여 초점을 맞춰도 돼.

우리 벌레잡기 대장들이 벌레 잡는 방법.
잠자리채가 있으면 쉽게 벌레를 잡을 수 있어.
잠자리채로 벌레를 잡을 때는 날아가는 벌레,
앉아 있는 벌레 따위를 요령껏 잡아야 해.
나는 게 좀 굼뜬 딱정벌레 종류는 주둥이가 넓은
유리병만 있어도 잡을 수 있어. 우산을 펼쳐서
거꾸로 세워 나뭇가지를 털어 벌레를 잡으면 투두둑
떨어지는 벌레들을 제대로 만날 수 있지.
하지만 뭐니 뭐니 해도 가장 흥미로운 것은 벌레
함정 만드는 것. 여러 가지 벌레 함정을 만들어
그 속에 빠진 벌레를 만나 봐.
만나기 힘든 벌레가 걸려들지도 몰라.

먼저 벌레를 잘 알아야 해.
무엇을 먹는지, 어디에 많이
모이는지, 언제 돌아다니는지,
어떻게 나는지 알면 반은
잡은 거야.

그래서 잡는 방법도
다 다르구나.

잡는 방법까지
알면 진짜
벌레잡기 대장이
되는 거지.

잠자리채로 잡기

재빠르게 잠자리채를
휘둘러 잡아. 그러고는 벌레가
도망가지 못하게 잽싸게 망을
채에 휘감기게 돌려야 해.

날아다니는 나비 따위는
머리 쪽에서 잠자리채를
씌워야 잘 잡혀.

땅바닥에 앉아
있는 벌레는 한
손으로 망 끝을
잡고 위에서
아래로 덮치듯
잡아.

나무에 붙어
나무진(수액)을
빠는 나비는 아래에서
위로 잠자리채를
올리며 잡아.

풀밭에 앉아 있는 벌레는
아래에서 위로 훑듯이 잠자리채를
휘둘러 잡아.

딱정벌레 종류는 망을 받치고 나뭇가지를
흔들어 떨어지게 해.

나비는 머리 쪽에서 잡고 잠자리는 반대로 뒤쪽에서 잡아야 해. 나비를 잠자리채로 잡으면 망 안에서 나비가 막 파닥거려 날개가 상할 수도 있어. 그럼 한 손으로 조심스럽게 망을 눌러 나비가 파닥거리지 않게 한 다음, 다른 한 손을 망 안으로 넣어 가슴 부분을 잡고는 꺼내. 그래야지 날개가 상하지 않게 나비를 꺼낼 수 있어.

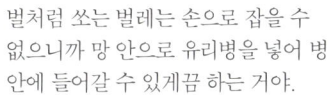

나비를 다룰 때는 날개를 만지지 않고 가슴 부분을 잡아야 해. 너무 힘을 주면 죽을 수 있으니까 살살 다뤄야 하고 빨리 관찰하고 다시 놓아줘야 해.

벌처럼 쏘는 벌레는 손으로 잡을 수 없으니까 망 안으로 유리병을 넣어 병 안에 들어갈 수 있게끔 하는 거야.

빈 병으로 잡기

풀잎이나 나뭇잎 위에 앉아 있는 벌레나 딱정벌레 따위는 주둥이가 넓은 병을 한 손에 들고, 벌레가 병 안으로 들어가게 잡아서 다른 한 손으로 병뚜껑을 닫는 거야.

나무를 발로 차서 잡기

사슴벌레가 나무진을 먹으려고 모여드는 참나무를 발로 차 보는 거야. 사슴벌레 따위는 흔들림에 민감해서 나무를 발로 차면 죽은 척하고는 땅으로 떨어지거든. 방법이 참 쉽지. 하지만 쉽다고 나무를 함부로 차고 다니면 안 되겠지. 그래서 이 방법은 썩 좋지 않지.

털어서 잡기

나뭇잎 아래서 우산을 펼쳐서 거꾸로 받치고 막대기로 나뭇가지를 쳐.

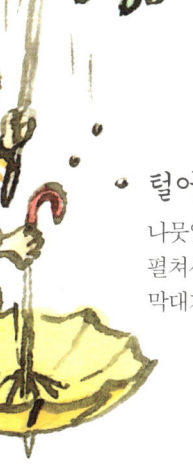

우산에 떨어진 벌레들이 도망가기 전에 얼른 병에 담아야 해.

잎벌레류

거위벌레

바구미류

진딧물류

고마로브집게벌레

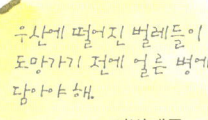

나방 애벌레

벌레들은 자기 입맛에 맞는 먹을 거나 냄새에 모여들어. 그래서 제각각 벌레들 입맛에 맞는 냄새를 피워서 벌레를 불러 모아 잡을 수 있어. 썩은 고기나 과일 또는 꿀이나 당밀 따위로 벌레를 불러 모아 봐.

나무줄기에 꿀이나 당밀 바르기

나무진에 모이는 벌레들을 끌어들이는 방법이야. 인공 나무진(당밀)을 만들어 신갈나무, 졸참나무, 상수리나무 따위 참나무 줄기에다 바르고 아침, 점심, 저녁, 밤에 한 번씩 찾아가서 살펴보는 거야. 당밀 대신 꿀을 발라도 돼.

당밀 만들기
흑설탕, 소주, 식초를 넣고 불에 올려서 끈적해질 때까지 졸이는 거야.

썩은 과일 매달기
상한 과일(사과, 바나나, 파인애플 따위)을 양파망에 담아서 나무에 매달아 놓는 거야. 밤에 찾아가서 어떤 벌레가 찾아왔는지 살펴봐.

신발로 벌레 잡기(벌이나 꽃등에)

옛날에는 이렇게 신발을 벗어 재빠르게 벌레를 낚아채서 세게 빙빙 돌려 벌레를 어지럽게 한 다음, 땅바닥에 신발을 탁 던져 벌레를 기절시켜 잡기도 했대. 믿거나 말거나 우리 아빠가 알려 준 방법이야.

벌레 덫 만들기

딱정벌레나 먼지벌레, 송장벌레 따위는 주로 밤에 먹이를 찾아 돌아다니거든. 벌레들이 많이 다니는 숲 속 땅바닥에 구멍을 파고 종이컵이나 유리병을 묻어. 안에다 생선 머리, 멸치, 지렁이, 과일 따위 먹이를 넣어 묻어야 해. 평평한 돌을 구해 지붕을 만들어 두면 비가 와도 물이 들어가지 않아. 또 벌레가 새한테 잡아먹힐 염려도 없지. 저녁에 만들고는 다음 날 아침에 확인해 보면 돼. 먹이를 덫마다 다 다르게 넣어 봐.(썩은 과일, 멸치, 썩은 고기, 지렁이, 당밀 따위.) 덫을 묻은 곳도 다 다르게 해 봐.(나무 밑, 풀 사이, 길가 따위.)

종이를 오려서 구멍을 뚫고 병에 넣으면 되는데 병 둘레에다 잘 맞춰야 해.

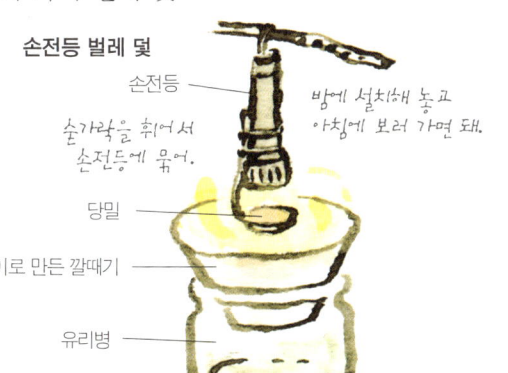

지붕을 씌워 주면 더욱 좋겠지.

위에 있는 컵 바닥에 구멍을 뚫고 아래 있는 컵에 먹이를 넣고 겹쳐 끼우면 돼. 먹이와 사이를 떼어 놓으면 구더기가 생기는 것을 막을 수 있어.

여러 가지 벌레 덫

손전등 벌레 덫

- 손전등
- 당밀
- 종이로 만든 깔때기
- 유리병

밤에 설치해 놓고 아침에 보러 가면 돼.

똥이나 썩은 과일에 모이는 나비잡이 덫

썩은 과일(바나나, 파인애플 따위)을 먹으러 덫 아래 틈으로 들어온 나비는 그물망에 걸려 나가지 못해.

불빛으로 벌레 부르기

밤에 불빛에 모이는 나방, 하루살이, 강도래, 날도래, 딱정벌레 따위를 잡을 수 있어. 휘발유 램프나 가스등을 켜고 뒤에 흰 천을 대야 해. 멀리 숲까지 가기 어려우면 마당이나 베란다 같은 데서 전깃줄을 끌어와서 해 봐. 백열등보다는 형광등 불빛이 더 좋아. 바람이 없고 흐리고 더운 날 밤에 벌레들이 많이 모여들어. 바람이 불고 달빛이 밝은 날은 벌레들이 많이 모이질 않아.

나방이 왜 불빛에 많이 모여들까?

나방은 나비와는 달리 밤에 활동을 해. 밤에 달빛을 기준 삼아 움직이지. 달빛은 멀리서 비추기 때문에 거의 평행한데, 나방이 이 평행한 달빛을 기준 삼아 날기에 직선으로 날 수 있는 거지. 그래서 달빛으로 착각하기 쉬운 불빛이 있으면 나방이 일정한 각도(90도 이하)를 유지하면서 불빛으로 모여들어. 각도를 유지하면서 균형을 잡으니까 빙글빙글 도는 듯 나선형으로 불빛을 향해 가는데 이 모습이 꼭 불빛으로 뛰어드는 것처럼 보여. 여름밤 나방이 불빛에 뛰어드는 모습을 자주 볼 수 있는 것도 이 때문이지.

아까시나무 꽃, 찔레꽃 들이 맛난 꿀을 내어
벌레들을 부르고 있어.
"벌레들아, 어서 와서 내가 만든 꿀을 먹어 주렴."
달짝달짝 꿀은 벌레들이 모두 모두 좋아해.
벌이랑 꽃등에는 꽁무니를 씰룩씰룩
꽃 안 깊숙이 들어가 주둥이로 맛난 꿀을 쪽쪽.
꽃들은 즐거워서 꽃잎을 들썩들썩.
"벌레들아, 맛난 꿀을 먹고 꽃가루를 온몸에다
묻혀 이 꽃 저 꽃에 옮겨 줘."
꽃무지랑 풍뎅이는 꽃잎이 맛있어서 아삭아삭.
안테나처럼 기다란 더듬이 가진 꽃하늘소도
퍼르르륵 날아와
"난 꽃가루가 더 맛난데." 하고 냠냠.
자귀나무 꽃에도 나비들이 와글와글,
나비는 또르르 말린 빨대를 펴서 쭈욱쭈욱 빨고.
꽃이 있는 곳에 오니 벌레들이 잔뜩 모였어.
자, 조심조심 벌레잡기 대장들아 어서어서 움직이자.

꿀벌과 꽃등에

꿀벌과 꽃등에는 생김새도 닮았고 꽃에 모이는 것도
비슷해서 쉽게 구별이 안 돼. 하지만 꽃등에는 꿀벌과 달리
파리 무리에 속하는데 침을 쏘는 꿀벌을 흉내내서 자기를
지키는 거야. 그래서 자세히 보면 다른 점을 찾을 수 있어.

꽃등에는 파리 무리답게 뒷날개가 평균곤으로 바뀌어서
날개가 한 쌍밖에 없어. 이런 날개 구조는 방향을
지그재그로 쉽게 바꿀 수 있고 정지 비행도 능숙하게 할 수
있게 하지. 벌에 비해 꽃등에는 더듬이가 아주 작고 대신
겹눈이 훨씬 커. 배에 나 있는 노란 줄무늬도 벌에 비해
불규칙해. 꿀벌은 꽃등에와는 달리 뒷다리에 꽃가루를
모을 수 있는 노란 꽃가루 통이 달려 있어.

호리꽃등에

호리꽃등에 애벌레는 꽃등에 애벌레가
물속에서 사는 것과는 달리 땅 위에서
지내는데 어른벌레가 되어서는 꽃에서
먹이를 찾지만 애벌레 때는 진딧물을
잡아먹어. 벌처럼 쏘지 않으면서 꽃가루받이를 잘하고 애벌레
때는 진딧물을 잡아먹기 때문에 비닐하우스에 벌 대신
풀어놓기도 해.

몸길이 11mm

찔레꽃에 모이는 곤충

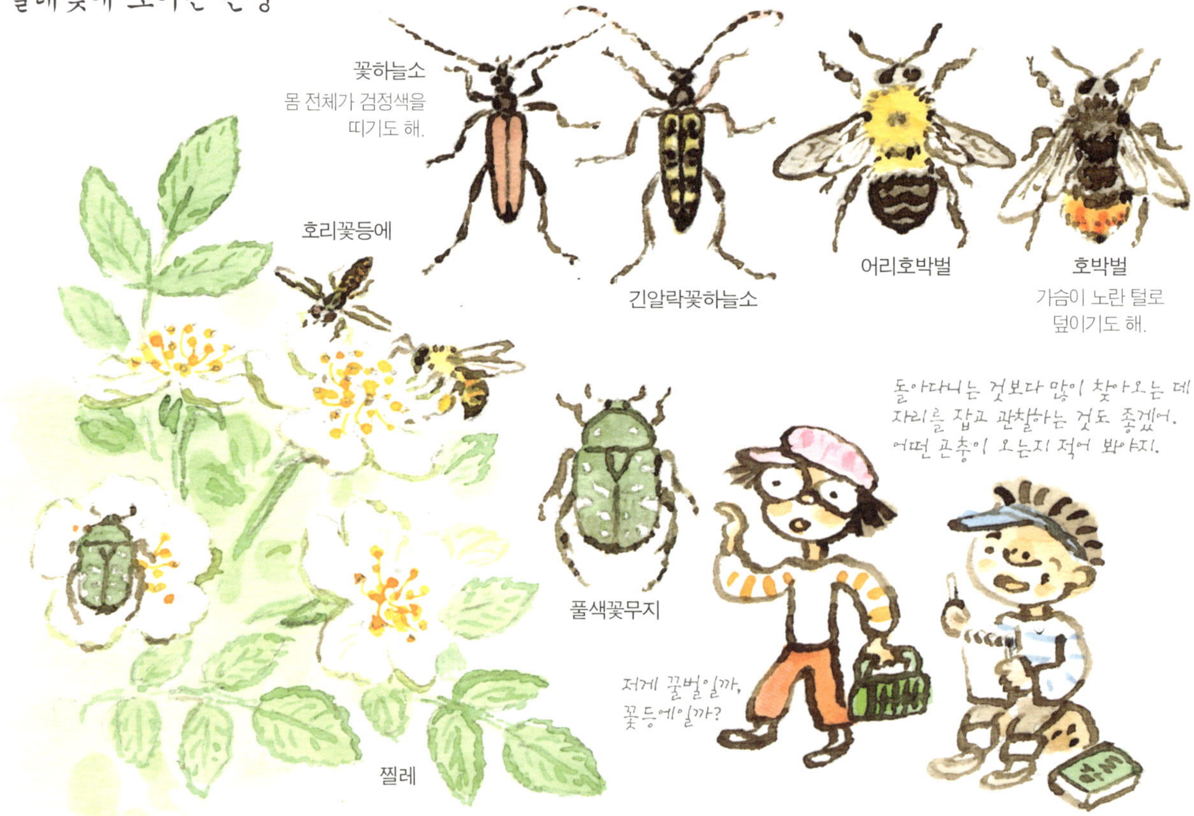

자귀나무에 날아오는 곤충

호랑나비
제비나비
왕자팔랑나비
자귀나무

곤충은 저마다 좋아하는 색깔이 있어. 호랑나비는
엉겅퀴나 자귀나무처럼 붉은색 꽃에 잘 날아들고 배추흰나비는 흰색 꽃에,
노랑나비는 노란 꽃에 많이 모여들어. 벌은 빨간색을 보지 못해서 주로 흰색과 노란색 꽃에 모여.

나비길

호랑나비 무리들은 항상 정해진 길로만 다니는데 이 길을
'나비길'이라고 해. 식물의 잎 가운데는 햇빛이 잘 반사되는 것과
그렇지 않은 것이 있는데, 호랑나비 무리는 햇빛이 잘 비치는 곳을
따라 날기 때문에 자연스럽게 길이 생기는 거야.

호랑나비를 잡으려면
호랑나비가 좋아하는
꽃과 다니는 길을
알아야 해.

곤충이란?

지금까지 알려진 곤충은 100만 종 가량 되는데
실제로 지구상에 살고 있는 곤충은 그 배가 넘을
거래. 곤충은 어디에나 있어. 하늘, 땅, 물속,
산이나 들에도 있고 사막이나 극지방에도, 도시
한복판에서도 살고 있어. 곤충이 전체 동물
가운데 4/5를 차지하고 어디에서나 살아갈 수
있었던 비결은 뭘까?
무엇보다 처음으로 하늘을 날 수 있게 한 두
쌍의 날개 덕이 크겠지. 그리고 몸이 작다는 것,
환경에 잘 적응한다는 것과 단단한 외골격,
탈바꿈을 한다는 것 따위가 비밀일 거야.
곤충이 가진 특징은 머리, 가슴, 배가 뚜렷이
구분되고, 더듬이 한 쌍, 겹눈 한 쌍, 홑눈 세 개,
다리 세 쌍, 날개 두 쌍을 가지고 있다는 거야.
그래서 거미나 노래기 따위와는 구별할 수 있어.

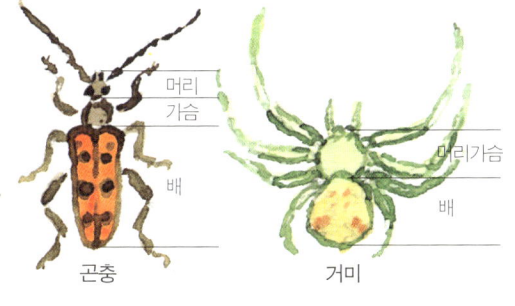

곤충 / 거미
머리 / 가슴 / 배
머리가슴 / 배

하얗게 흐드러진 개망초 밭은
작은주홍부전나비 융단.
환삼덩굴 가까이에는 네발나비가 팔랑팔랑.
풀잎 위 여기저기서 "사랑해!" 하는 소리가 속살속살.
남색초원하늘소들이 짝짓기 하는 철이야.
노린재는 건드리면 노린내 나는 방귀를 뀌니까
조심해.
따끈한 햇볕 아래서는 오종종 귀여운 무당벌레를
만날 수 있어.
"아이, 따끈한 햇빛 일광욕이 참 좋다!"
풀색 닮은 어여쁜 풀색노린재도
작고 앙증맞은 비단노린재도
모두 모두 들판에서 만날 수 있지.

개망초에 모이는 곤충

노랑나비
토끼풀이나 아까시나무 같은
콩과 식물에 알을 낳아.

작은주홍부전나비
윗면
아랫면
애벌레는 수영이나 소리쟁이
잎을 먹으면서 자라.

호랑꽃무지 남색초원하늘소

윗면   아랫면
암먹부전나비

꽃 아래 숨어서 먹이를 기다리는
꽃게거미

개망초

암먹부전나비가 뒷날개를 비비는 까닭

암먹부전나비는 꿀을 빨 때나 앉아 있을 때 뒷날개 양쪽을 비비는 습성이 있는데 이것은 천적들 눈을 속이기 위한 위장술이야. 뒷날개를 비비고 있으면 뒷날개 꼬리는 더듬이 같고 뒷날개 무늬는 꼭 눈처럼 보여. 그래서 먹이를 먹거나 쉴 때 천적이 뒷날개를 얼굴인 줄 알고 공격해도 뒷날개만 조금 상하고 도망칠 수 있는 거야.

노린내 나는 노린재

노린재는 식물 즙을 먹고 사는 것과 동물 체액을 빠는 것이 있어. 식물 즙을 빠는 노린재 종류는 농작물에 피해를 많이 주는데, 특히 콩과 식물에 피해를 입혀. 잡으면 노린내를 뿜어내는데 물로 씻어도 잘 가시지 않아.

십자무늬긴노린재
시골가시허리노린재
톱다리개미허리노린재
알락수염노린재
풀색노린재
비단노린재

앞날개 절반은 가죽질로 되어 있어.
삼각형의 방패 판
가슴에 있는 냄새 샘에서 만들어진 냄새나는 물질이 뒷다리에 있는 냄새 구멍으로 나와.

사람보다 먼저 종이를 발견한 쌍살벌

쌍살벌들은 나무껍질에서 섬유질을 뜯어 집을 만들어. 침을 섞어 잘게 씹어 반죽을 해서는 다닥다닥 작은 방을 만들지. 이게 바로 종이를 만드는 것과 같은 원리야. 이 작은 방에다 알을 한 개씩 낳고 알에서 깨어난 애벌레가 그 방에서 자라는 거야. 쌍살벌이 방을 계속 만들기 때문에 집은 더욱 커져. 어미벌은 애벌레한테 처음에는 꿀을 먹이다가 허물을 네 번쯤 벗으면, 곧 4령 애벌레가 되면 나비 애벌레나 다른 곤충 따위를 먹여. 어미벌이 큰턱으로 씹어서 부드럽게 만들고는 다리를 이용해 둥근 고기 경단을 만들어 먹이지. 이게 바로 쌍살벌표 고기 경단이야.

땅속에 집을 짓는 땅벌

야외로 놀러 나갔을 때 음료수 병에 귀찮게 날아오는 벌이 있지? 그 벌이 바로 땅벌이야. 땅벌은 쫓아 버리려 해도 웬만해서는 쏘지 않지만 땅속 집을 건드리면 떼로 달려들어 끈질기게 공격을 해.

꼬마쌍살벌
흙집 짓는 호리병벌
잎사귀 집 짓는 가위벌

조심해, 녹벌레야!

차독나방 애벌레
독나방 애벌레
꼬마쐐기나방 애벌레
노랑쐐기나방 애벌레
쐐기나방류 애벌레 털에 닿으면 벌겋게 부어오르면서 쓰리고 따가워.

독나방 무리는 애벌레뿐 아니라 알 덩어리, 고치, 어른벌레 모두 독침이 있어서 살에 닿으면 심한 염증을 일으켜. 어른벌레는 밤에 불빛에 잘 모여드니까 조심해.

무늬독나방

장수말벌
말벌은 사나운 벌이야. 꿀벌과 달리 침을 여러 번 쏠 수 있어. 말벌, 쌍살벌, 땅벌 집은 절대 건드리지 마.

파리매
건드리면 쏘기도 해.

조용한 숲 속에서도 쉽게 벌레들을 찾을 수 있을까?
벌레들은 어디에나 있지만 쉽게 만날 수 있는 건 아니야.
벌레를 찾으려면 벌레를 알아야 해.
참나무 진이 흐르는 곳에는 사슴벌레, 풍뎅이, 말벌이
"우린 이 참나무 진이 가장 맛있더라." 서로 더 좋은
자리를 차지하려고 밀치면서 나무진을 쪽쪽 먹고,
거위벌레들은 참나무, 오리나무, 아까시나무 따위에
알을 낳고는 꼭 양복점 아저씨 가위 같은 턱을 부지런히
움직이며 멋진 요람을 만들고 있지.
"우리 아가 이 속에서 잠자다가 알에서 깨어나면 이
나뭇잎 먹고 무럭무럭 자라라." 하고 말이야.
꼭 무당벌레처럼 생긴 잎벌레들도
잎사귀에서 주로 살아가.
집게를 잔뜩 세운 고마로브집게벌레도 잎사귀를
잘 들추면 만날 수 있지.
어때, 우린 정말 벌레박사 벌레잡기 대장들이지?

고마로브집게벌레의 모성애

고마로브집게벌레는 땅속에 알을 낳는 다른 집게벌레랑 달리 나뭇잎 위에 알을 낳아. 그렇지만 다른 집게벌레처럼 모성애가 강해서 알 곁을 떠나지 않고 지키는데 천적이 다가오면 물러나지 않고 집게를 세우고 싸우지. 다른 집게벌레는 땅속에 살면서 주로 밤에만 돌아다니지만 고마로브집게벌레는 낮에 나무 위를 돌아다니지. 우리나라 집게벌레 가운데 집게가 가장 커.

무당벌레를 닮은 잎벌레

잎벌레는 무당벌레하고 모습이 닮았지만 식성은 전혀 달라. 무당벌레는 주로 진딧물, 깍지벌레 따위를 잡아먹고, 잎벌레는 식물 잎이나 꽃의 뿌리 따위를 먹어서 이름도 잎벌레지. 잎벌레는 벌을 흉내낸 꽃등에처럼 쓴 액을 내는 무당벌레를 흉내내서 천적한테서 스스로를 지키는 거야.

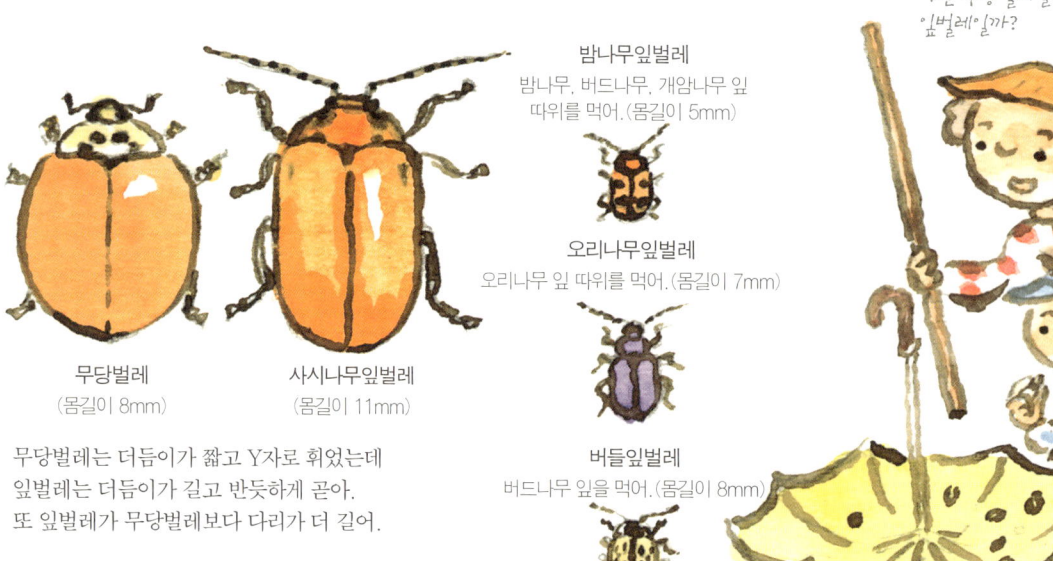

무당벌레
(몸길이 8mm)

사시나무잎벌레
(몸길이 11mm)

밤나무잎벌레
밤나무, 버드나무, 개암나무 잎 따위를 먹어.(몸길이 5mm)

오리나무잎벌레
오리나무 잎 따위를 먹어.(몸길이 7mm)

버들잎벌레
버드나무 잎을 먹어.(몸길이 8mm)

무당벌레는 더듬이가 짧고 Y자로 휘었는데
잎벌레는 더듬이가 길고 반듯하게 곧아.
또 잎벌레가 무당벌레보다 다리가 더 길어.

이건 무당벌레일까?
잎벌레일까?

참나무 나무진에 모이는 곤충

낮에 모이는 곤충

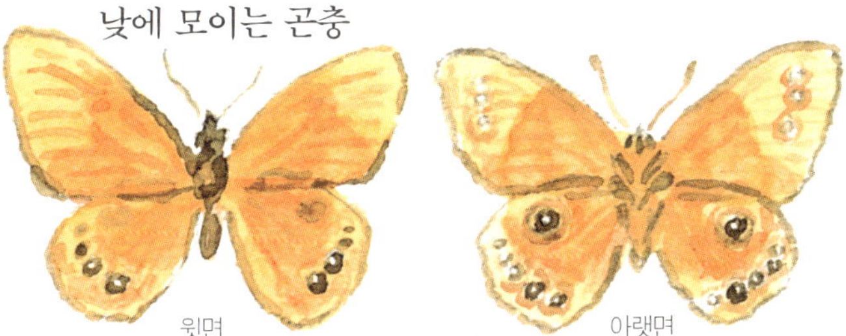

윗면   먹그늘나비   아랫면

날개에 뱀눈 모양이 있는 뱀눈나비 무리는 어두운 나무숲 그늘을 좋아하고 나무진이나 썩은 과일, 똥 따위에 잘 모여.

밤에 모이는 곤충

가시개미   점박이꽃무지   넓적사슴벌레 수컷    넓적사슴벌레 암컷    쥐박각시

참나무 나무진은 당분이 많아서 벌레들이 좋아해. 봄보다는 여름에 많이 모이지.

벌레랑 놀기

옛날에는 요즘처럼 장난감이 거의 없었어. 그래서 늘 자연에서 놀았지. 혹시 방아벌레나 풍뎅이가 걸려들면 이런 노래를 부르며 놀았대. 방아벌레는 거꾸로 뒤집어 놓으면 톡 튀면서 방아를 잘 찧으니까 방아벌레 방아찧기 놀이.
풍뎅이는 거꾸로 뒤집어 놓으면 날개를 파닥거리며 빙글빙글 도는 모습이 꼭 청소하는 모습 같다고 풍뎅이 청소 놀이.

아침 먹이 찧어라.
저녁 먹이 찧어라.
우리댁 아씨 흰 떡방아
네가 대신 찧어라.
건넛집 처녀 보리 방아
네가 대신 찧어라.

풍뎅아, 풍뎅아,
빙글빙글 돌면서
어서어서 청소해라.

방아 찧는 방아벌레

방아벌레는 앞가슴 뒤쪽 양 끝이 긴 돌기처럼 튀어나와 있는데, 뒤집어졌을 때 앞가슴과 가운데 가슴 사이를 뒤로 젖혔다가 이 돌기를 지렛대처럼 이용해서 탁 튀어 올랐다 빠르게 내려앉아.

앞가슴 뒤쪽 돌기

어때, 많은 벌레를 만났지?
이쯤 되면 너희들도 어느새 제법 벌레박사
벌레잡기 대장이 되었을걸. 우리가 잡은 벌레는 관찰하고
다시 벌레들이 살고 있는 곳에다 놓아주었어.
그래서 좀 아쉽다고? 그럴 줄 알았어.
살아 있는 벌레 대신 우리 여러 가지 재료를 구해다가
멋진 벌레를 만들어 볼까? 잘만 만들어 봐.
벌레들이 진짜로 살아서 꾸물꾸물 움직일지,
파르르 날아올라 버릴지 누가 아니? 히히히.

튀는 벌레 만들기

나뭇가지 두 개에다 고무줄을 걸고 / 돌려서 꼬아. / 친구 책갈피 사이에 살짝 끼워 두면 친구가 멋모르고 펼치다가

돌멩이로 벌레 만들기

 둥글납작한 여러 모양 돌멩이를 주워다가

 돌멩이에 그냥 그려도 쉽게 벌레가 되지.

 더 벌레처럼 만들려면 작은 돌멩이나 열매를 본드로 붙여 눈을 만들면 깜찍한 벌레가 되지.

 잎벌레
 무당벌레
 노린재

나뭇가지로 더듬이를 붙여 주면 더 재밌어. 더듬이를 조금만 다르게 붙여도 잎벌레와 무당벌레, 노린재를 만들 수 있어. 반듯하게 길게 붙이면 잎벌레, 짧게 한 번 꺾어 붙이면 무당벌레, 길게 세 번 꺾어 붙이면 노린재가 돼.

벌레 발 만들기

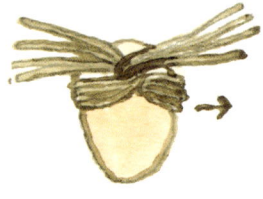 철사나 전깃줄 네 가닥을 돌멩이에다 감고 꼬아서 묶어 줘.

 뒤집어서 앞에 두 개는 더듬이, 뒤 여섯 개는 발을 만드는 거야. 발은 진짜 벌레처럼 발마디에 맞춰 휘어 주면 좋겠지.

 나뭇가지를 살짝 꺾어 붙여도 멋있는 벌레가 되지.

나비 종이 접기

① 종이를 반으로 접어.
② 또 반으로 접어.
③ 점선을 표시하고 안쪽을 펼치고 삼각으로 접어.
④ 뒤쪽도 같이 삼각으로 접어.
⑤ 아래로 접어.
⑥ 다시 뒤로 뒤집어.
⑦ 가운데보다 약간 위로 전체를 접어 올려.
⑧ 앞쪽 두 끝을 바짝 잡아 내려.
⑨ 반으로 접어.
⑩ 양쪽 날개를 점선대로 접어.
⑪ 드디어 완성!

여러 가지 재료로 만든 벌레들

휴지로 만든 나방이야.
끈으로 가운데만 묶어 주면
나비든 나방이든 뚝딱!

나사못으로 만든 파리.

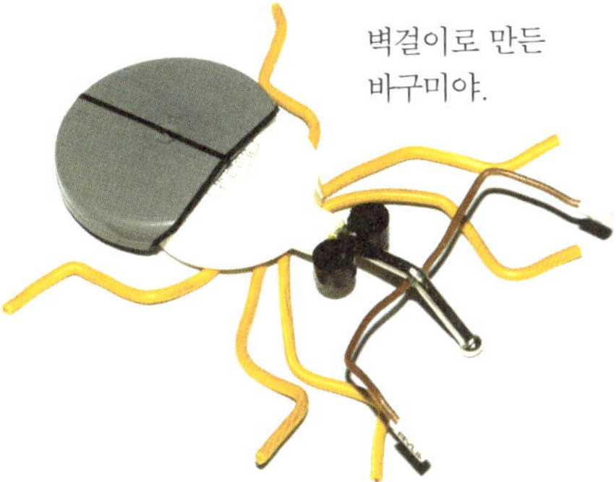

벽걸이로 만든
바구미야.

모기 침과 평균곤을
못으로 만들었어.

돌멩이 무당벌레
멋있지?

벌을 흉내낸
꽃등에야.

빨래집게
사슴벌레야.

도토리와 단풍나무
열매로 만든
벌이야. 가슴은
청미래덩굴 열매야.

여러 가지 열매
껍질로 만든
딱정벌레 어때?

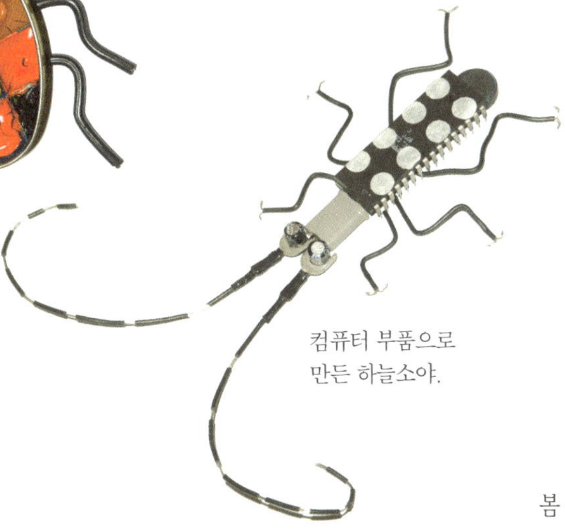

컴퓨터 부품으로
만든 하늘소야.

봄 · 63

곤충 흔적 수집, 관찰 기록장, 곤충 지도

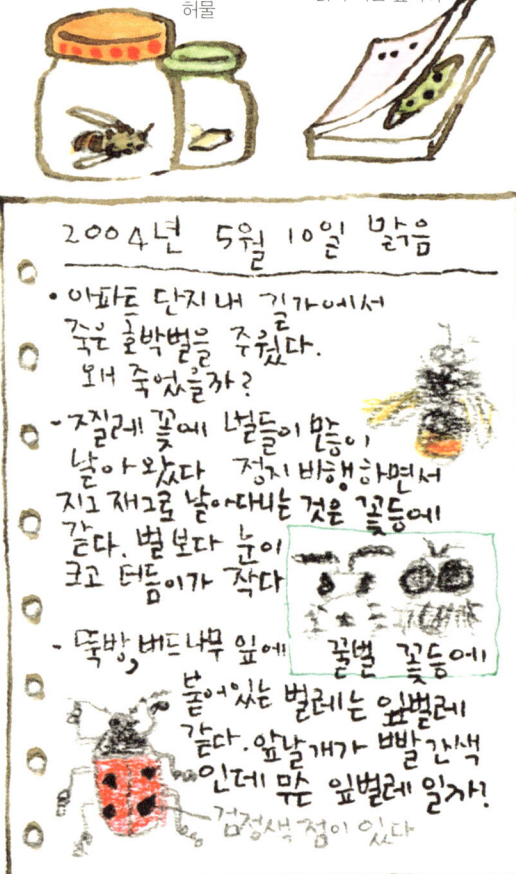

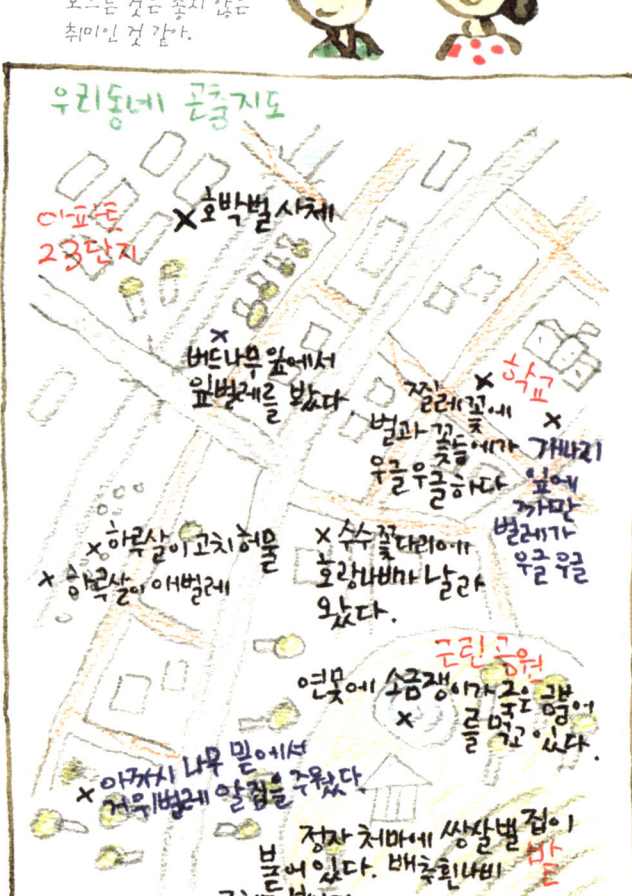

거위벌레 키우기

5, 6월에 가까운 야산이나 공원에 가서 참나무, 아까시나무, 오리나무, 개암나무 아래를 잘 살펴봐. 잎사귀를 똘똘 말아 놓은 거위벌레 알집을 쉽게 찾을 수 있을 거야. 거위벌레는 나뭇잎에 알을 낳고 그 잎을 말아서 땅으로 떨어뜨리는데, 땅이 내는 축축한 습기 덕에 잎이 마르지 않게 하려는 거야. 이걸 몇 개 주워 병에 담아 관찰해 봐. 알집이 마르면 안 되니까 유리병 바닥에 물을 적신 휴지나 천을 깔아 주어야 해. 알에서 깨어난 애벌레는 알집에서 잎을 먹고 자라다 10일쯤 지나서 번데기가 되고 다시 일 주일쯤 지나면 어른벌레가 되는데, 새 잎을 계속 넣어 주기 힘들면 처음에 알집을 가져왔던 야산이나 공원에 다시 놓아주면 돼.

요즘에는 곤충들이 점점 줄어들고 있어. 아마 자연 생태계가 곤충들이 살기 힘들게 망가져서일 거야. 생태계가 망가지는 까닭은 사람들 때문이지. 게다가 사람들은 희귀한 곤충을 찾아서 표본을 만들고 사육하려고 해. 정말 곤충이 궁금하고 곤충을 아끼는 마음이라면 살아 있는 것을 잡아 표본을 만들기보다 곤충들 흔적을 찾아 모아 보는 것도 좋은 방법이야. 곤충이 탈바꿈할 때 벗은 허물, 사체, 곤충이 먹은 나뭇잎, 나뭇가지에 달린 벌레혹 따위 우리 둘레엔 곤충들 흔적이 많아. 이렇게 다양한 흔적을 관찰하면 곤충들이 어떻게 살아가는지 잘 알 수 있어. 살아 있는 곤충을 잡아다 표본 만들고 사육하는 것보다 자연 상태에 있는 곤충들을 관찰하고 흔적을 통해 생태를 알아보는 게 더 자연에 가까운 마음 아니겠니?

찾아보기

ㄱ
가락지나물 25
가시개미 61
가위벌 59
각시멧노랑나비 10
갈퀴덩굴 16, 21, 33
개나리 32
개나리잎벌 33
개나리잎벌 애벌레 33
개망초 17, 20, 25, 58
개불알풀 15, 31
개쑥갓 13, 25
개암나무 37
고깔제비꽃 34, 35
고마로브집게벌레 60
광대나물 15
긴병꽃풀 25
긴알락꽃하늘소 56
꼬마쌍살벌 59
꽃게거미 58
꽃다지 17, 21, 30
꽃등에 56

꽃마리 12, 21, 30, 31
꽃바지 30
꽃하늘소 56
꿀벌 56

ㄴ
낚시제비꽃 34
남산제비꽃 34
남색초원하늘소 58
냉이 15, 21, 25, 30, 31
넓적사슴벌레 61
네발나비 10, 38
노랑나비 57, 58
노랑제비꽃 34, 39
노린재 59
늑대거미 10

ㄷ
달맞이꽃 13, 17, 21
돌나물 16
땅벌 59
뚝새풀 14

ㅁ
망초 14, 20
먹그늘나비 61
무당벌레 10, 60
미국제비꽃 34
미나리 20
미나리아재비 23
민들레 17, 20, 32, 35

ㅂ
밤나무잎벌레 60
방가지똥 12
방아벌레 61
배추흰나비 57
뱀딸기 18, 25
버들잎벌레 60
벼룩나물 15, 30, 31
벼룩이자리 31
별꽃 14, 21, 31
복수초 38, 39
비단노린재 59
빌로도재니등에 31

뿌리뱅이 12, 13, 20, 25
뿔나비 10

ㅅ

사시나무잎벌레 60
산괴불나무 39
산괴불주머니 39
산수유 36
산철쭉 40
산초나무 38
새포아풀 13
생강나무 36, 37
서양민들레 20, 25, 35
소리쟁이 16, 20
쇠딱따구리 11
쇠별꽃 21
시골가시허리노린재 59
십자무늬긴노린재 59
쌍살벌 59
쑥 16, 20, 25

ㅇ

알락수염노린재 59
알록제비꽃 34
암먹부전나비 58
애기똥풀 23
애호랑나비 38
양지꽃 17, 21, 25, 31

어리호박벌 56
얼레지 38
엉겅퀴 57
오리나무 37
오리나무잎벌레 60
왕자팔랑나비 57

ㅈ

자귀나무 57
작은주홍부전나비 58
점나도나물 14, 21, 31
점박이꽃무지 61
제비꽃 32, 34
제비나비 57
족두리풀 38
졸방제비꽃 34
종지나물 → 미국제비꽃
주름잎 30
쥐박각시 61
지칭개 16, 21, 25
진달래 40
질경이 12, 20
찔레 56

ㅊ

참나무 61
철쭉 40
청가시덩굴 38

청띠신선나비 38

ㅋ

콩제비꽃 34

ㅌ

탱자나무 38
톱다리개미허리노린재 59

ㅍ

풀색꽃무지 56
풀색노린재 59
피나물 31, 39

ㅎ

할미꽃 32, 33
현호색 23, 39
호랑꽃무지 58
호랑나비 38, 57
호리꽃등에 56
호리병벌 59
호박벌 56
호제비꽃 34
환삼덩굴 38
황새냉이 14, 21, 25